"十三五"普通高等教育本科部委级规划教材

跨境服装电子商务

CROSS-BORDER APPAREL
E-COMMERCE

杨楠楠 | 主编

中国纺织出版社有限公司

内 容 提 要

本书为"十三五"普通高等教育本科部委级规划教材。

近年来,我国跨境电子商务快速发展,已经形成了一定的产业集群和交易规模。无论是出口还是进口,服装都是跨境电子商务最重要的交易品类之一。跨境电子商务的发展,有利于更好地发挥我国服装贸易的比较优势,也适应我国国内消费升级的需要。本书从跨境电商基本概念、发展历程及趋势出发,为读者梳理了跨境电商运作模式和进出口流程,特别介绍了主要服装进出口电商平台及其规则、跨境电商物流模式及流程、跨境电商主要支付工具以及跨境服装电商营销等内容。

本书是一本有关跨境服装电商的导论性教材,既可作为高等院校相关专业的教学用书,也可作为服装产业从业人士了解跨境服装电子商务的入门读物。

图书在版编目(CIP)数据

跨境服装电子商务 / 杨楠楠主编. —北京:中国纺织出版社有限公司,2020.7

"十三五"普通高等教育本科部委级规划教材

ISBN 978-7-5180-7329-0

Ⅰ.①跨… Ⅱ.①杨… Ⅲ.①服装—对外贸易—电子商务—高等学校—教材 Ⅳ.① F746.83-39

中国版本图书馆 CIP 数据核字(2020)第 067176 号

策划编辑:魏 萌　　　　责任编辑:籍 博
责任校对:王花妮　　　　责任印制:王艳丽

中国纺织出版社有限公司出版发行
地址:北京市朝阳区百子湾东里 A407 号楼　邮政编码:100124
销售电话:010 — 67004422　传真:010 — 87155801
http://www.c-textilep.com
中国纺织出版社天猫旗舰店
官方微博 http://weibo.com/2119887771
三河市宏盛印务有限公司印刷　各地新华书店经销
2020 年 7 月第 1 版第 1 次印刷
开本:787×1092　1/16　印张:11.5
字数:237 千字　定价:45.80 元

凡购本书,如有缺页、倒页、脱页,由本社图书营销中心调换

前言

作为一种新型的贸易方式，跨境电子商务近年来发展十分迅速。国务院办公厅《关于促进跨境电子商务健康快速发展的指导意见》指出，我国跨境电子商务快速发展，已经形成了一定的产业集群和交易规模。跨境电子商务的发展，有利于用"互联网+外贸"实现优进优出，发挥我国制造业大国优势，扩大海外营销渠道，同时也能合理增加进口，扩大国内消费，促进企业和外贸转型升级。同时，跨境电子商务也有利于加快落实"一带一路"倡议，推动我国开放型经济发展的升级。

服装是我国传统优势的出口大类产品，而无论是出口还是进口，服装都是跨境电子商务最重要的交易品类之一。跨境电子商务的发展，有利于更好地发挥我国服装贸易的比较优势，也适应我国国内消费升级的需要。本书从跨境电商基本概念、发展历程及趋势出发，梳理了跨境电商的运作模式和进出口流程，特别介绍了主要服装进出口电商平台及其规则，跨境电商物流模式及流程、跨境电商的主要支付工具，以及跨境服装电商营销方法，同时对跨境电商相关政策进行梳理、分析。

本书编写立足于课堂教学，目的是使学生理解跨境电商的相关知识和基本流程，使学生建立起关于跨境服装电商运作的基本框架体系，为今后从事跨境服装电商工作打下基础。本书具备两大特色：

其一，整体视角。本书不是专门围绕某一跨境电商平台的实操性教材，而是有关跨境电商的一本导论性教材，围绕跨境电商模式、发展过程及趋势，主要跨境电商平台规则和跨境电商物流、支付、营销等核心环节，从概念、规则、工具和政策多个层面给予整体性介绍，帮助读者掌握关于跨境服装电商的各方面内容。

其二，聚焦服装。对于不同品类的产品，跨境电子商务的模式和基本流程是相似的，但是不同品类的经营有各自的规则和突出问题。本书在介绍一般性规则和流程的基础上，在产品准入、选品、营销、知识产权保护等方面，通过实例讲解，聚焦服装品类的跨境电商经营活动，以使教材更具针对性和指导性。

本书编写分工如下：第一章由方誉烨、索珊、杨楠楠完成，第二章由索珊完成，第三章由李敏、杨楠楠完成，第四章由索珊完成，第五章由丁锋、杨楠楠完成，第六章由李敏、杨楠楠完成，第七章由龙琼完成，杨楠楠负责全书的统稿。

本书在编写过程中查阅和参考了大量相关书籍及期刊资料，在对跨境电商平台运营及规则的介绍中参阅了各平台的规则文件和网站内容，在此特予说明并致以诚挚感谢！

因作者水平及经验不足，难免存在疏漏和不足，恳请读者朋友们批评指正！

作者
2019年9月于北京

教学内容及课时安排

章/课时	课程性质/课时	节	课程内容
第一章/6	基础知识/18	●	跨境电子商务概述
		一	跨境电子商务基本概念
		二	跨境电子商务的发展阶段
		三	我国跨境电子商务发展现状
		四	跨境电子商务与传统外贸
第二章/6		●	跨境电商运作模式
		一	三种跨境电商运作模式
		二	跨境服装电商主要交易平台
第三章/6		●	跨境电商流程
		一	出口跨境电商流程
		二	进口跨境电商流程
第四章/6	专业实践/26	●	主要跨境电商平台规则
		一	敦煌网平台规则
		二	速卖通平台规则
第五章/6		●	跨境电商物流
		一	邮政物流
		二	国际快递
		三	其他物流方式
		四	跨境电商平台的物流服务
		五	海关清关
第六章/6		●	跨境电商支付结算
		一	跨境电商支付工具
		二	跨境电商出口收款与结汇
		三	跨境电商支付相关政策
第七章/8		●	跨境服装电商营销
		一	跨境服装网络营销理论基础
		二	网络营销工具
		三	跨境服装电商营销方法
		四	大数据技术在跨境电商网络营销中的应用

注　各院校可根据自身的教学特点和教学计划对课程时数进行调整。

目录

基础知识

第一章　跨境电子商务概述 ·· **002**

第一节　跨境电子商务基本概念 ·· 002
一、什么是跨境电子商务 ·· 002
二、跨境电子商务的分类 ·· 002

第二节　跨境电子商务的发展阶段 ·· 005
一、出口跨境电子商务的发展阶段 ·· 005
二、进口跨境电子商务的发展阶段 ·· 006

第三节　我国跨境电子商务发展现状 ·· 007
一、我国跨境电商交易规模 ·· 007
二、我国跨境电商进出口结构 ·· 008
三、我国跨境电商 B2B 与 B2C 结构 ·· 008
四、我国跨境电商出口主要市场分布 ·· 009
五、我国跨境电商进出口商品结构 ·· 010

第四节　跨境电子商务与传统外贸 ·· 010
一、跨境电子商务给传统外贸带来的机会 ···································· 011
二、传统贸易企业开展跨境电商业务的挑战 ································ 012

思考题 ··· 013

第二章　跨境电商运作模式 ·· **016**

第一节　三种跨境电商运作模式 ·· 016
一、跨境电商 B2B 模式 ·· 016
二、跨境电商 B2C 模式 ·· 017
三、跨境电商 C2C 模式 ·· 022

I

第二节　跨境服装电商主要交易平台 022
　　一、主要出口平台 023
　　二、主要进口平台 029
思考题 030

第三章　跨境电商流程 **032**

第一节　出口跨境电商流程 032
　　一、网上备案 032
　　二、前期准备 033
　　三、开店经营 038
　　四、物流发货 039
　　五、资金结算 039
第二节　进口跨境电商流程 042
　　一、商品备案 042
　　二、申报通关 043
　　三、税款缴纳 045
思考题 046

专业实践

第四章　主要跨境电商平台规则 **048**

第一节　敦煌网平台规则 048
　　一、敦煌网卖家准入规则 048
　　二、敦煌网店铺经营品类规则 049
　　三、敦煌网产品发布规则 049
　　四、敦煌网禁限售产品规则 051
　　五、知识产权管理规则 051
　　六、品牌产品销售规则 053
　　七、类目准入规则 053
　　八、商户评级规则 053
第二节　速卖通平台规则 054
　　一、速卖通开店规则 055
　　二、速卖通入驻资质要求 057

三、速卖通商标准入及经营规则 ……………………………………… 058

　　　四、速卖通卖家基本义务 …………………………………………… 059

　　　五、速卖通商品发布基本规则 ……………………………………… 060

　　　六、速卖通服饰行业标准 …………………………………………… 060

　　　七、速卖通知识产权规则 …………………………………………… 066

　　　八、速卖通禁限售规则 ……………………………………………… 068

　思考题 ……………………………………………………………………… 070

第五章　跨境电商物流 …………………………………………………… 072

　第一节　邮政物流 ………………………………………………………… 072

　　　一、邮政小包 ………………………………………………………… 072

　　　二、邮政大包 ………………………………………………………… 074

　　　三、e邮宝 …………………………………………………………… 075

　　　四、EMS ……………………………………………………………… 076

　第二节　国际快递 ………………………………………………………… 078

　　　一、UPS ……………………………………………………………… 079

　　　二、DHL ……………………………………………………………… 080

　　　三、FedEx …………………………………………………………… 081

　　　四、TNT ……………………………………………………………… 082

　第三节　其他物流方式 …………………………………………………… 083

　　　一、海外仓 …………………………………………………………… 083

　　　二、专线物流 ………………………………………………………… 085

　第四节　跨境电商平台的物流服务 ……………………………………… 087

　　　一、速卖通的物流发货服务 ………………………………………… 087

　　　二、敦煌网的物流发货服务 ………………………………………… 092

　第五节　海关清关 ………………………………………………………… 096

　　　一、出口清关 ………………………………………………………… 096

　　　二、目的地清关 ……………………………………………………… 098

　思考题 ……………………………………………………………………… 099

第六章　跨境电商支付结算 ……………………………………………… 102

　第一节　跨境电商支付工具 ……………………………………………… 102

　　　一、电子汇款 ………………………………………………………… 102

  二、信用卡 ··· 103
  三、第三方支付平台 ··· 104
 第二节 跨境电商出口收款与结汇 ··· 105
  一、跨境电商出口收款方式 ·· 105
  二、跨境收款收结汇方式 ··· 106
 第三节 跨境电商支付相关政策 ··· 108
 思考题 ··· 109

第七章 跨境服装电商营销 112

 第一节 跨境服装网络营销理论基础 ··· 112
  一、网络营销概述 ··· 112
  二、网络营销基本内容 ·· 112
 第二节 网络营销工具 ··· 113
  一、网络营销基本职能 ·· 113
  二、网络营销常见工具 ·· 114
 第三节 跨境服装电商营销方法 ··· 116
  一、搜索引擎营销 ··· 116
  二、电子邮件营销 ··· 120
  三、社交媒体营销 ··· 123
 第四节 大数据技术在跨境电商网络营销中的应用 ······················· 129
  一、大数据时代的跨境电商 ·· 129
  二、跨境电商的大数据技术应用 ··· 129
 思考题 ··· 131

参考文献 132

附录 133

 附录一 跨境电商政策梳理 ··· 133
 附录二 中华人民共和国电子商务法 ··· 138
 附录三 跨境电子商务经营主体和商品备案管理工作规范 ········ 148
 附录四 关于完善跨境电子商务零售进口监管有关工作的通知 ···· 150
 附录五 关于跨境电子商务零售进出口商品有关监管事宜的公告 ···· 154
 附录六 2018 版跨境电子商务零售进口商品清单（服装配饰类） ···· 160
 附录七 支付机构外汇业务管理办法 ··· 169

基础知识

跨境电子商务概述

课程名称： 跨境电子商务概述

课程内容： 跨境电商的概念和分类；进、出口跨境电商的发展阶段；我国跨境电商发展的现状；传统贸易与跨境电商的关系

课程学时： 6学时

教学要求： 讲授跨境电子商务的相关概念，重点解释B2B、B2C和C2C跨境电商及第三方平台型和自营型跨境电商的区别；介绍我国出口跨境电商和进口跨境电商的发展历程；讲授当前我国跨境电商发展的显著特点；讨论跨境电商带来的机会和挑战。

第一章　跨境电子商务概述

第一节　跨境电子商务基本概念

一、什么是跨境电子商务

跨境电子商务，简称跨境电商，是指分属不同关境的交易主体，通过信息化手段和互联网平台达成交易的跨境进出口贸易活动。根据贸易流向，跨境电商可分为出口跨境电商和进口跨境电商。

出口跨境电商是指从事商品出口的企业通过电子商务平台将商品销往境外，商品的展示、成交通过电子商务平台进行，商品的送达由线下跨境物流完成的整个交易过程。

进口跨境电商是出口跨境电商的反向流程，是指从事商品进口的企业或个人消费者通过电子商务平台自境外购买商品，商品的选购、成交通过电子商务平台进行，商品的送达由线下跨境物流完成的整个交易过程。

跨境电商中，电子商务平台是贸易双方进行交易的虚拟场所。我国代表性的出口跨境电商平台包括阿里巴巴国际站、环球资源网、敦煌网、速卖通等；代表性的进口跨境电商平台包括网易考拉、天猫国际、京东全球购、洋码头等。

二、跨境电子商务的分类

（一）按照交易主体划分

跨境电子商务交易中的交易主体包括企业与个人。按交易主体，即买卖双方的属性，跨境电子商务可分为B2B跨境电商、B2C跨境电商和C2C跨境电商三种。

1. **B2B跨境电商**

B2B（Business-to-Business，企业对企业）跨境电商，即交易双方主体均为企业的跨境电商，指分属不同关境的企业之间，通过电子商务平台进行交易洽商并通过跨境物流送达商品、完成交易的跨境贸易模式。

B2B跨境电商的出现使企业可以利用互联网更便捷地寻找到合作伙伴，获取商品信息，并在线进行业务洽商甚至直接交易，便利了业务的达成。对出口企业来说，跨境电商有利于其扩大市场范围，缩短交易环节，提升交易效率，节省管理费用；对进口企业来说，跨境电商便于其在世界范围内以便捷的手段快速了解并采购到所需产品，提升经营效益。

2. B2C跨境电商

B2C（Business-to-Consumer，企业对消费者）跨境电商，即交易卖方为企业，买方为个人消费者的跨境电商，指企业直接面向境外个人消费者在线销售产品和服务，通过电子商务平台达成交易、进行支付结算，并通过跨境物流送达商品、完成交易的跨境贸易模式。

B2C跨境电商为企业提供了新的销售模式和机会，也为消费者提供了全新的购物选择。B2C跨境电商凭借其丰富的产品、快捷的支付、便捷的物流等优势受到消费者的欢迎，而高效率、低成本的运作方式也吸引越来越多的企业积极开展跨境B2C业务。

3. C2C跨境电商

C2C（Consumer-to-Consumer，消费者对消费者）跨境电商，即交易双方主体均为个人消费者的跨境电商，指分属不同关境的个人卖方与个人买方通过电子商务平台进行产品和服务信息的发布、展示、选购、达成交易、进行支付结算，并通过跨境物流送达商品、完成交易的跨境贸易模式。

根据我国《跨境电子商务经营主体和商品备案管理工作规范》（参见附录三），跨境电子商务经营主体是指"从事跨境电子商务业务的企业"，不包括个人，因此，我国的出口跨境电商是指B2B和B2C出口电商，不包括C2C出口；而进口跨境电商是企业和个人自电商渠道发生的进口交易，包括B2B、B2C和C2C进口三个部分。

此外，由于B2C和C2C跨境电商的买方均是个人消费者，因此将跨境B2C和跨境C2C统称为跨境零售贸易，也即狭义的跨境电商，而广义的跨境电商则包括跨境B2B贸易和跨境零售贸易。

（二）按照平台运营方式划分

按照电子商务平台的运营方式分，跨境电商可分为第三方平台型跨境电商和自营型跨境电商。

1. 第三方平台型跨境电商

第三方平台型跨境电商是指利用第三方跨境电商平台进行进出口交易，其中，第三方平台经营企业❶搭建线上商城，吸引卖家入驻，并整合物流、支付、运营等服务资源，为买卖双方提供交易服务。第三方平台出口是指出口企业（即入驻商家）在第三方平台上向海外用户销售本国产品；第三方平台进口是指国内用户在第三方平台上自平台入驻商家购买海外产品。

早期的第三方平台主要提供信息发布和撮合交易的服务，主要功能在于为进出口双方搭建桥梁，且主要服务于B2B贸易，盈利模式以收取会员费和营销推广费为主。随着行业的发展，

---

❶ 第三方平台经营企业是指在电子商务中为交易双方或者多方提供网络经营场所、交易撮合、信息发布等服务，供交易双方或者多方独立开展交易活动的企业。

一些B2C跨境电商平台开始涌现，第三方平台也随之开始向交易平台转变，盈利模式也变为以收取交易佣金为主。目前，为便利跨境交易，第三方跨境电商平台逐步拓展服务领域，提供物流、仓储、通关、融资等一系列增值服务，向配套服务整合平台发展，盈利模式也扩大为收取交易佣金和增值服务费两部分。

第三方跨境电商平台的卖家来源广泛，产品品类丰富，在品类的扩充效率上相对更快。但是，第三方平台经营企业无法直接把控商品品质，而是通过把控商家的资质间接把控商品品质。我国2019年1月1日起开始施行的《电子商务法》（参见附录二）对第三方平台经营者的产品责任做出了明确规定，根据该法第三十八条，电子商务平台经营者知道或者应当知道平台内经营者[1]销售的商品或者提供的服务不符合保障人身、财产安全的要求，或者有其他侵害消费者合法权益行为，未采取必要措施的，依法与该平台内经营者承担连带责任。对关系消费者生命健康的商品或者服务，电子商务平台经营者对平台内经营者的资质资格未尽到审核义务，或者对消费者未尽到安全保障义务，造成消费者损害的，依法承担相应的责任。

2. 自营型跨境电商

自营型跨境电商是跨境电商经营企业自建线上平台从事商品进出口业务。自营出口是指出口企业自建平台向海外用户销售本国产品，平台自身组织国内货源并向海外市场销售，赚取差价；自营进口是指进口企业自建平台向国内用户销售海外商品，平台自身组织海外货源并向国内市场销售，赚取差价。

自营型跨境电商企业的经营活动涉及跨境进出口业务的整个流程，包括售前选品、与供应商谈判、网站运营、商品运营、物流与服务等。自营型跨境电商经营企业的供应商可能是品牌商、零售商或代理商，而各供应商的授权规则也可能不尽相同。这些都增加了自营型跨境电商的经营难度。

自营型跨境电商在品类扩张的数量和速度上相对第三方平台型不占优势，但可以全程参与和把控商品的供应、仓储、物流、交易和售后等跨境交易的全过程，对商品品质和服务品质有较高的保障。

随着行业的发展，一些第三方跨境电商平台开始在其平台上开展自营业务，而一些自营跨境电商平台也开始引入第三方卖家，成为"平台+自营型"或"自营+平台型"跨境电商，如进口跨境电商平台苏宁国际、出口跨境电商平台兰亭集势等。

（三）按照平台经营商品划分

按照平台经营商品的品类，可将跨境电商分为垂直型跨境电商和综合型跨境电商两类。

1. 垂直型跨境电商

垂直型跨境电商定位于某个行业，专注于特定的产品领域，提供针对该领域的专业信息和交易服务。垂直型跨境电商的特点为行业专业性强，更容易聚集行业资源，信息具有深度，可

---

[1] 平台内经营者是指通过电子商务平台销售商品或者提供服务的电子商务经营者。

以满足特定的需求。专注经营母婴用品进口的"蜜芽"就是代表性垂直型跨境电商平台。

2. 综合型跨境电商

综合型跨境电商不像垂直型跨境电商专注于某一行业，而是涉及多种行业乃至全品类的商品，可满足大多数用户的需求，方便用户进行一站式购物。京东全球购、天猫国际、亚马逊海外购等平台皆为综合性跨境电商平台。

第二节 跨境电子商务的发展阶段

一、出口跨境电子商务的发展阶段

1999年，阿里巴巴集团在杭州成立，其首个英文网站Alibaba.com作为全球批发贸易的平台正式上线，建立了中国供应商与海外买家的互联网连接通道，实现了中国出口贸易的互联网化，开启了中国跨境电商的发展历程。

（一）出口跨境电商1.0阶段（1999~2003年）

出口跨境电商1.0阶段是网上进行产品展示，线下完成实际交易的外贸信息服务阶段。网站的主要功能是为企业提供展示其信息和产品的网上平台，并不涉及任何在线交易，盈利模式主要是收取会员服务费。在发展过程中，外贸信息平台逐步推出竞价推广、咨询等服务，帮助卖方进行市场推广并促进交易进展。

此阶段的跨境电商平台以B2B平台为主，主要目标定位于服务中小企业的出口批发业务，例如，早期的阿里巴巴国际站以及环球资源网等，被认为是中国最主要的外贸信息黄页平台。

出口跨境电商1.0阶段的发展，解决了中国生产商或出口商无法对接世界买家的问题，实现了信息流的整合，但还无法帮助中小企业应对复杂的跨境贸易流程，提供的服务比较有限。

（二）出口跨境电商2.0阶段（2004~2014年）

跨境电商2.0阶段和1.0阶段相比，更能体现电子商务的本质。在此阶段，跨境电商平台不再受限于黄页的展示功能，开始将原本线下的交易、支付、物流、通关等流程实现电子化、网络化，逐步发展成为在线交易平台。直接面向终端消费者的B2C平台也开始涌现。

通过资源和功能的整合，跨境电商平台逐步推出在线的推广、支付、物流和通关等各项服务，极大地便利了跨境贸易的实现。借助跨境电商平台，出口企业，尤其是中小出口企业，可以面向全球市场的用户便捷地实现商品的交易。这为缺乏外贸经验、资金和人力的中小企业，带来了前所未有的贸易机会。同时，第三方跨境电商平台也通过收取交易佣金实现了营收的多元化。跨境电商在此阶段完成了跨越式的发展。

（三）出口跨境电商3.0阶段（2015年至今）

2015年以前，传统大型外贸和制造企业基本仍以传统贸易方式开展进出口业务，鲜少涉足电商行业，而随着我国跨境电商的迅速发展和相关政策的逐步完善，传统大型企业也逐渐意识到电商发展带来的机遇，开始把跨境电商作为开展进出口业务的另一重要渠道，进入跨境电商领域寻找市场机会。

跨境电商在此阶段经历了全产业链的转变。首先，平台卖家从中小创业者向工厂和传统外贸公司转变。这些企业具有强大的设计和生产能力，使平台销售的产品从以网商和二手货源产品为主向一手精品货源转变。其次，传统企业进入电商行业，其生产模式逐渐从大批量生产向柔性生产转变，同时对代运营和平台整体配套服务能力提出更高要求。最后，平台承载能力更强，服务全面升级，向全产业链在线化更进一步。整体来看，跨境电商3.0阶段具有大型工厂上线、企业类买家成规模、中大额订单比例提升、大型服务商加入和移动用户爆发五个显著特点。

二、进口跨境电子商务的发展阶段

我国进口跨境电商的起步晚于出口跨境电商，但近年来发展十分迅速。其发展主要经历了三个阶段。

（一）进口跨境电商1.0阶段（2005~2006年）

随着互联网的蓬勃发展、我国居民生活水平的提高和出境人数的不断上升，自2005年起，以海外留学生为主体的海外代购开始在我国兴起。初期，一些经常出国的群体为国内的亲朋好友从国外购买化妆品、箱包服饰、奶粉、保健品等海外商品；而后，经由网络上的相互推荐和传播，这类代购行为发展成为一种可以盈利的商机；而随着代购需求的不断扩大，职业代购群体开始出现，代购成为购买海外商品的一个热门渠道。此阶段，代购作为一种新兴事物，消费群体有限，缺乏有效监管，存在逃避税收等问题，亟待出台相应政策加以规范。

（二）进口跨境电商2.0阶段（2007~2013年）

2007年，淘宝全球购上线，成为代购群体售卖海外商品的一个专门平台，随后，代购平台不断涌现，形成了我国进口跨境电商最初的模式，即C2C跨境进口。同时，一些热衷购买国外商品的国内消费者开始选择在网络上搜索海外商品信息，并在国外购物网站上下单购买，这些商品随后由国外购物网站通过国际快递或由转运公司代收货物再转寄国内来完成实际交付，这种"海淘"的跨境购物模式逐渐发展成为国内消费者购买国外商品的另一主要渠道。

代购和海淘为国内消费者购买海外商品带来了便利，但也存在明显的弊端，如商品种类有限、价格不透明、物流时间长、通关不畅、语言障碍、无售后保障等。这些问题导致代购和海淘的投诉与纠纷不断。2010年起，我国开始规范代购市场，调整进出境个人邮递物品管理措施，代购和海淘的海关监管和关税征收趋于严格。

代购和海淘的迅速发展让人们看到了国内消费者对海外商品的巨大需求，但其弊端决定了其难以满足这一巨大的消费市场，因此，一些跨境进口电商平台相继成立。这些进口电商平台或者引入有资质的商家入驻，或者自营海外商品，并通过提供线上支付和通关及物流服务提升消费者的购买体验，逐渐受到市场的欢迎，开始取代代购和海淘成为进口商品的主要购买渠道，我国进口商品的消费群体也进一步扩大，进口跨境电商市场随之形成。

（三）进口跨境电商3.0阶段（2014年至今）

相较于代购和海淘，以B2C为主的进口跨境电商平台具有产品丰富、价格透明且有竞争力、支付和物流便捷等优势。特别是2014年以来，我国相继出台了支持和规范跨境零售进口的一系列措施，为进口跨境电商发展创造了良好的政策环境，国内各大电商企业纷纷推出跨境电商频道或平台，跨境电商相关企业数量激增，我国进口跨境电商发展进入3.0阶段。天猫国际、京东全球购、小红书、洋码头、网易考拉海购、蜜芽等进口跨境电商平台成为我国消费者购买海外商品的主要渠道。

第三节 我国跨境电子商务发展现状

一、我国跨境电商交易规模

根据网经社—电子商务研究中心发布的《2018年度中国跨境电商市场数据监测报告》，我国跨境电商交易规模逐年扩大，2013年我国跨境电商交易规模为3.15万亿元，到2019年这一数据已经达到9万亿元。表1-1列出了近年来我国跨境电商整体以超过20%的速度发展，2018年以来增幅有所减缓，但仍超过我国外贸整体增幅。2018年我国跨境电商出口规模超过7万亿元，进口跨境电商规模接近2万亿元。我国跨境电商进口的增速一直高于出口增速，反映了我国跨境网购消费的巨大潜力。目前，我国出口跨境电商仍然保持12%以上的增速，而进口跨境电商依然维持25%以上的增速。

表1-1 我国跨境电商交易规模

时间	跨境电商进出口		跨境电商出口		跨境电商进口	
	金额（万亿元）	增幅（%）	金额（万亿元）	增幅（%）	金额（万亿元）	增幅（%）
2013年	3.15	—	2.7	—	0.45	—
2014年	4.2	33.3	3.57	32.2	0.63	40.0

续表

时间	跨境电商进出口 金额（万亿元）	增幅（%）	跨境电商出口 金额（万亿元）	增幅（%）	跨境电商进口 金额（万亿元）	增幅（%）
2015年	5.4	28.6	4.5	26.1	0.9	42.9
2016年	6.7	24.1	5.5	22.2	1.2	33.3
2017年	8.06	20.3	6.3	14.5	1.5	25.0
2018年	9.0	11.7	7.1	12.7	1.9	26.7

注　2017年的进出口总额与出口和进口之和不一致，此处根据数据来源未做修正。

数据来源：《2018年度中国跨境电商市场数据监测报告》。

二、我国跨境电商进出口结构

我国跨境电商交易以出口为主。2013年，出口跨境电商占我国跨境电商交易总额超过85%，但由于进口跨境电商增速一直高于出口增速，进口跨境电商在交易总额中的占比逐年提高，2017年以来占比超过20%（图1-1）。

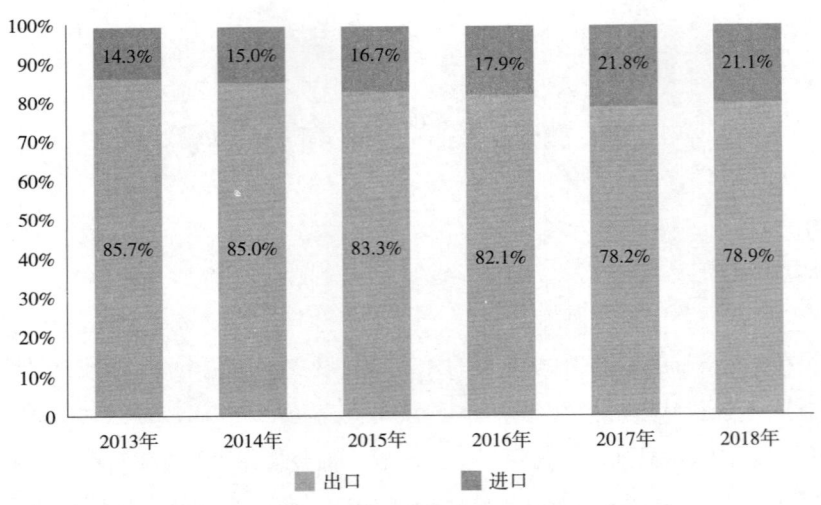

图1-1　我国跨境电商进出口结构

数据来源：《2018年度中国跨境电商市场数据监测报告》。

三、我国跨境电商B2B与B2C结构

我国跨境电商交易以B2B交易为主。2013年，我国跨境电商交易中约95%是B2B交易，2016年以前，B2B交易一直占我国跨境电商交易总额90%以上。随着跨境零售贸易的迅速发展，B2C交易占比逐年上升，2018年首次超过15%，达到16.8%（图1-2）。

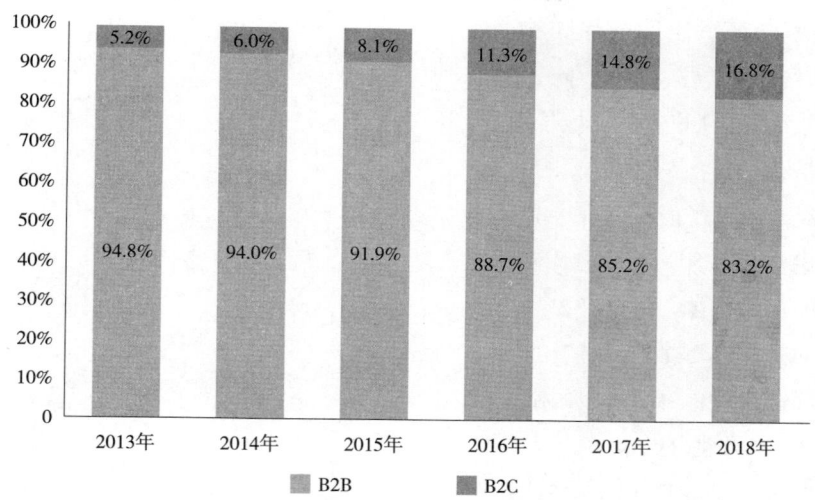

图 1-2　我国跨境电商 B2B 与 B2C 结构

数据来源：《2018年度中国跨境电商市场数据监测报告》。

四、我国跨境电商出口主要市场分布

据网经社—电子商务研究中心监测数据显示，2018年我国跨境电商主要出口目的地集中在美国（17.5%）、法国（13.2%）和俄罗斯（11.3%）三国，三国合计占比达到42%。其他主要出口市场还包括英国（8.4%）、巴西（5.6%）、加拿大（4.5%）、德国（3.7%）、日本（3.4%）、韩国（2.5%）和印度（2.4%）。上述十国市场占我国出口跨境电商总额超过70%（图1-3）。

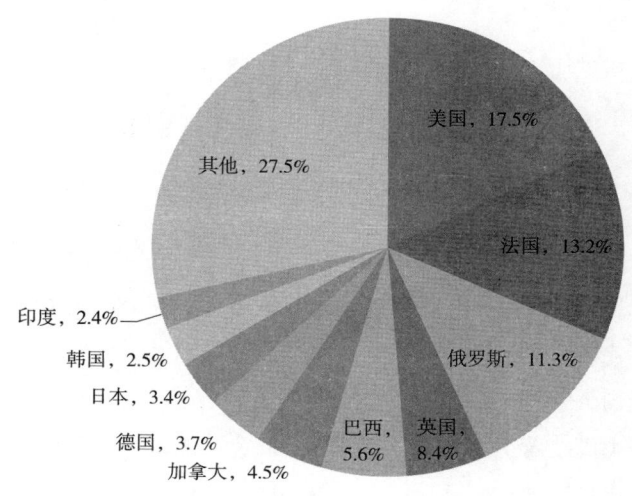

图 1-3　我国跨境电商主要出口目的地

数据来源：《2018年度中国跨境电商市场数据监测报告》。

五、我国跨境电商进出口商品结构

从跨境电商商品类别来看，电子产品、服装服饰和美妆护理产品是最重要的品类。

根据网经社—电子商务研究中心监测数据，我国跨境网购用户中94.3%为年龄在20～40岁的年轻群体，其中，25～35周岁人群占56.3%，19～24岁用户占比20.2%，36～40岁人群占17.8%。跨境网购用户中，女性占比85.3%，男性占比14.7%。我国跨境电商消费群体的年龄和性别构成决定了我国跨境电商进口的商品品类以美妆护理、鞋服箱包和母婴用品为主。2018年我国跨境网购用户最爱购买的前十大商品品类包括美妆护理、鞋服、饰品箱包、母婴用品、家居用品、运动户外、食品、数码家电、生鲜水果和保健品❶。

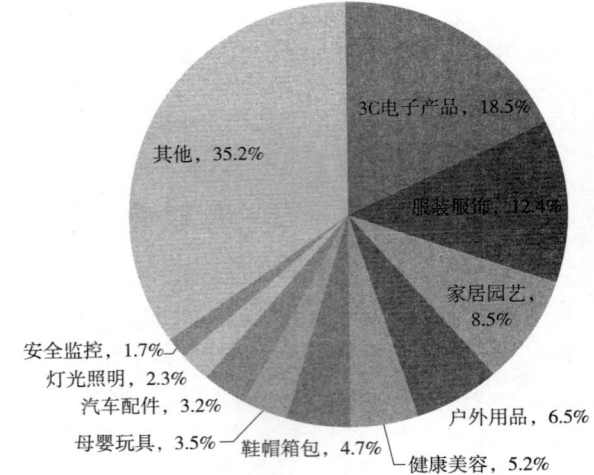

图 1-4　我国跨境电商主要出口产品类别

数据来源：《2018年度中国跨境电商市场数据监测报告》。

2018年我国跨境电商主要出口产品类别如图1-4所示，从图中可以看出，服装服饰类和鞋帽箱包类产品合计占到出口比重超过17%，仅次于3C电子产品，是最主要的出口品类之一。从出口来看，我国跨境电商渠道出口的主要商品品类是3C电子产品和服装服饰产品，其次为家居园艺产品、户外用品、健康美容产品和鞋帽箱包产品。

第四节　跨境电子商务与传统外贸

作为一种新型的贸易方式，跨境电子商务相较于传统对外贸易而言，具有市场广大，交易受时间、空间限制小，交易环节少，成交效率高，价格透明、中间成本低等优势，但也存在竞争激烈，信用体系不完善，欺诈、侵权风险高，受政策影响大，贸易争端处理仍有待完善等问题。随着我国《电子商务法》于2019年1月1日的正式实施，以及我国跨境电子商务政策体系的不断完善，我国跨境电商经营主体的责任义务、电商合同的订立与履行、电商争议解决问题以及跨境电商发展初期出现的通关、结汇、退税等问题得以逐步解决，跨境电子商务必将在一个更稳定的政策环境和更规范的经营环境下稳步、快速发展。跨境电子商务是传统外贸的有力补充，同时，借助数字化、信息化、网络化手段，传统外贸的效率和效益也将不断提高。跨境电

---

❶ 资料来源：《2018年度中国跨境电商市场数据监测报告》。

子商务必将成为我国外贸增长的新动力。

表1-2显示了跨境电子商务在订单特征、成交模式、洽商方式、交易环节及具体的支付、运输、通关、检验、外汇和税收方面与传统外贸的区别。

表1-2 跨境电子商务与传统外贸模式对比

项目	传统外贸	跨境电商
订单特征	大批量、少批次、订单集中、周期长	小批量、多批次、订单分散、周期相对短
成交模式	基于合同洽商的线下成交	借助互联网电商平台的线上成交
洽商方式	面对面，直接接触	通过互联网平台，间接接触
交易环节	复杂，涉及中间商多	简单，涉及较少中间商
支付	以银行信用证为主	以第三方支付机构担保交易为主
运输	多通过空运、海运集装箱完成	多以邮件、快件的形式完成
通关、检验、外汇、税收	成熟、完善的传统贸易监管、结售汇、征免税制度	不断调整和完善的适应跨境电商发展需求的新的监管方式和征免税制度

跨境电商为传统贸易发展带来新的机会，但因为二者在贸易模式及贸易环节上存在的差异，传统贸易企业在开展跨境电子商务时也面临一些挑战，需要积极准备、学习和掌握跨境电商的运作模式，才能发挥原有优势，实现新的贸易利益。

一、跨境电子商务给传统外贸带来的机会

（一）跨境电商有利于扩大贸易机会

跨境电商的发展进一步推动了生产和服务的全球化，加速了全球市场一体化和生产国际化的进程，促进供应商和用户建立更亲密的关系。外贸企业可以向用户提供全天候的产品信息和服务，从而加大贸易机会。用户也可以在全球范围内选择供应商，从而打破国际和地区间有形无形的壁垒，对贸易和经济发展产生巨大的促进作用。

（二）跨境电商缩短了贸易的中间环节，为中小企业提供了新的机会

跨境电商作为基于互联网的贸易模式，打破了传统外贸模式下国外渠道商，如进口商、批发商、分销商、甚至零售商的垄断，使得出口企业可以直接面对国外的批发商或零售商，甚至是最终用户（图1-5），有效地减少了贸易的中间环节和商品流转成本，提升了出口企业的获利能力，也降低了进口企业或消费者的购买成本。渠道的缩短和渠道垄断的打破，也重塑了进出口贸易的链条，为中小企业和小微企业开展对外贸易提供了机会。

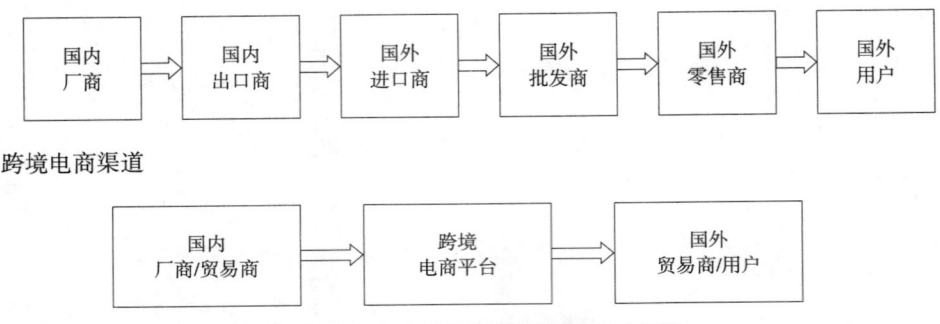

图 1-5　传统外贸渠道与跨境电商渠道比较

（三）跨境电商降低交易成本，提高交易透明度，提升交易效率

传统外贸交易的达成，需要耗费大量的人力物力，买卖双方需要经过多次的询盘、还盘，大量的来往传真、电函才能成交，并且很多情况下还要针对不同的报价做出比较和选择，交易成本十分高昂。而跨境电子商务借助互联网电子商务平台，可以更快地找到目标客户和商品，并通过在线洽商方便快捷地达成交易。同时，由于互联网平台是开放的信息平台，买卖双方均可在网络上查询和了解到所需信息并进行充分比较，使得整个交易的透明度得以大幅提高，交易效率因而更高。

二、传统贸易企业开展跨境电商业务的挑战

跨境电商为企业开展进出口贸易提供了新的途径，跨境电商近年来的蓬勃发展也促使传统贸易企业投身电商业务。传统贸易企业在开展跨境电商业务时既存在优势，也存在劣势。传统贸易企业凭借多年开展进出口业务的经验，既熟悉产品，有深厚的专业知识，掌握丰富的行业资讯；又熟悉和掌握海外市场行情，了解竞争态势，具有较强的交易决策能力。而传统贸易企业在开展电子商务业务时也面临如下挑战。

（一）信息化程度低

电子商务的实施要以信息化为基础。我国传统企业的信息化起步晚，信息化基础比较薄弱。一些开展进出口贸易的企业，无论是生产企业，还是传统外贸企业，对信息技术和互联网的发展反应相对滞后，又因为技术、资金、人才等方面原因，信息化建设水平仍有待提高。

因此，在开展跨境电商业务之前，企业需要在信息化建设方面加大投入，同时建好企业官网，将其作为面向全球客户的窗口，提供专业、全面、细致的信息，为国际化发展做好准备。

（二）不熟悉电子商务业务

电子商务业务对传统企业来说是一个全新的尝试，如何选择合适的跨境电商平台、如何做

好网上店铺的运营、如何进行网络营销和推广等对传统贸易企业来说都是新的课题。

首先，企业要选择符合自身能力和需要的电子商务平台，可以自建交易平台，也可以采用第三方平台。在选择第三方平台时，应从产品类别、平台知名度、平台用户数量、服务水平等多角度全方位考察，选择适合的平台。

其次，要储备人才、组建团队。传统外贸业务人员对线下市场的开发和传统贸易流程十分熟悉，但对电子商务平台的运营和销售知之甚少。为此，企业需要组建新的团队负责电商业务的拓展和运营，需要了解电商相关法规和政策的人才负责跨境电商业务流程。同时，面对更为广阔的全球市场，企业需要掌握更多市场知识和更多语种的人才开展小语种营销推广和客户服务，提升成交概率。

（三）面临市场扩大与多元化的新挑战

一般传统贸易企业的市场往往集中于一个或几个国家，这些国家往往具有地域或文化上的相近性，而跨境电子商务会带给企业更广阔的市场，这些市场可能位于全球不同地方，在地理、文化、习俗、语言各方面各不相同，而且可能是企业原本不了解或未有涉足的市场。当企业的经营从面对单一市场或少数市场向面对多个具有高度差异化的市场进行转变时，企业往往会面临新的挑战。

特别注意的是，不同国家或地区有不同的产品标准，在跨境电商平台销售的产品一定要符合目标市场的相关标准，以避免不必要的纠纷。只有了解目标市场的法律、法规和习俗、传统，严格执行目标市场产品标准，才能建立起良好的声誉。

思考题

1. 举一个跨境电商平台的例子，说明其类型。
2. 我国出口跨境电商发展各个阶段的特征是什么？
3. 我国进口跨境电商发展各个阶段的特征是什么？
4. 查阅资料，简述我国跨境电商发展的最新情况。

基础知识

跨境电商运作模式

课程内容： 具体介绍B2B、B2C以及C2C跨境电商的运作模式及特点；介绍敦煌网、速卖通、米兰网等服装出口电商经营平台及天猫国际、洋码头等进口电商经营平台。

课程学时： 6学时

教学要求： 讲授跨境电子商务B2B、B2C和C2C的具体运作模式，要求学生了解各种模式的差异和优劣势；介绍以服装为主要经营品类的主要出口和进口跨境电商平台，增进学生对跨境电商运作模式的理解和认识。

第二章 跨境电商运作模式

如第一章所述，跨境电商有不同的类型，而不同类型的跨境电商的运作模式亦有所不同。本章主要讨论B2B、B2C以及C2C跨境电商的具体运作模式及特点，并介绍跨境服装交易的主要电商平台。

第一节 三种跨境电商运作模式

一、跨境电商B2B模式

B2B模式是目前中国跨境电商交易中最主要的模式，其主要特征是单笔订单金额相对较大，但订单频率相对低，主要用于企业间的跨国采购交易。在B2B模式中，根据平台类型可分为自营型B2B和第三方平台型B2B两种。

（一）自营型B2B模式

自营型B2B模式即企业自主建站模式。一部分企业，尤其是大型企业，为了拓展海外业务、降低成本、提高效率，通过自主建站的方式来完成产品的信息展示、交易洽商、电子单据的传输、支付结算、货物配送及售后服务等一系列交易流程。也就是说，企业的贸易活动大多依靠自己建立的网站来完成。

这种模式的优点在于：使原有客户可以更加便捷地购买产品，提升客户体验，增强客户的忠诚度；更加直观、及时地展示企业产品，从而可以争取到更多的客户；减少纸质文件往来及人员的派遣，使沟通协商更快捷，提高效率，降低成本，进而提高企业利润。

尽管有上述优点，但自主建站模式并非适合所有企业。由于建立网站需要网络程序技术，而大多数企业对此并不精通，所以一般建站都是外包模式。外包模式需要支付相应的费用，网站的升级维护也需要一定支出。网站的宣传也需要人力、财力的投入。因此，只有大型企业比较适合自主建站，中小微企业从成本角度来说并不适合。

自营型B2B模式如图2-1所示，买卖双方通过卖方自主建立的网站完成商品展示、浏览、询价、洽谈、下单和

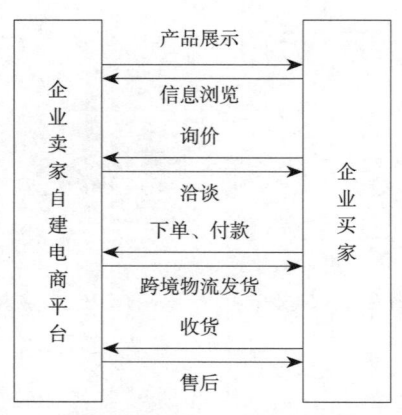

图2-1 自营型B2B模式示意图

支付结算，卖方再通过线下跨境物流进行商品交付，完成交易。交易完成后，如有争端或需售后服务，也可通过线上沟通解决。这种模式下，企业利润的增长来自成本的减少及市场的扩大。

（二）第三方平台型B2B模式

第三方平台型B2B模式是指B2B电商网站由第三方建设运营，为进出口企业提供达成交易的平台。企业卖家入驻平台发布产品信息，企业买家在平台发布求购信息或查询卖方产品信息，平台进行交易的撮合，并提供货款结算、发货、通关等综合服务。

第三方平台型B2B模式的优点在于：减少企业，特别是中小微企业的各项费用支出，如网站建设及维护费、宣传费等；有助于企业拓展业务，开发新客户；利用平台服务进行支付结算和线上发货，可以提高企业效率，减少人力成本投入，提高利润。

第三方平台型B2B模式的缺点在于，平台中同质卖家过多，竞争激烈，易出现恶意竞争、竞相压价的风险。而且，由于企业的宣传推广更多依赖于第三方B2B平台，若平台本身不受买家青睐，企业也很难受到市场关注。同时，企业货款的支付结算及货品的物流运输也多依赖于B2B平台，若平台在这些方面管理不善，会使企业蒙受损失。因此，企业在选择第三方平台时需细致考察，综合考虑。

第三方平台型B2B模式如图2-2所示，买卖双方通过第三方建立的网站平台进行产品展示、筛选浏览、询价议价等交易洽商环节，订单一旦确认，买方将货款支付给平台，卖方通过平台提供的物流服务或自主选择物流组织发货，买方确认收货后，卖方向平台申请放款，平台放款后交易完成。如买卖双方产生纠纷，也可通过平台进行投诉解决。

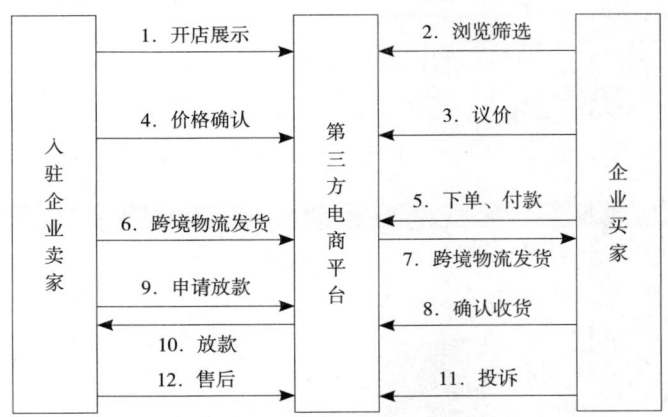

图2-2　第三方平台型B2B模式示意图

二、跨境电商B2C模式

B2C模式是指直接面向消费者销售产品和服务的商业零售模式。对于做跨境贸易的企业来说，B2C模式是其借助网络开展在线跨境零售活动的渠道。对于消费者来说，B2C模式为其提供了全新的跨境购物环境——网上商店。跨境B2C模式中，企业面对的是境外消费者，语言、文化、习惯等方面的差异使跨境B2C流程更加复杂，其模式和流程与跨境B2B有相似之处，又不完全相同。在跨境B2C模式中，根据平台类型也可分为自营型B2C模式和第三方平台型B2C模式两种。

（一）自营型B2C模式

根据经营主体的不同，自营型B2C模式又可分为厂商自主建站B2C模式、传统零售商网络零售模式和平台自营B2C模式三种。

1. **厂商自主建站B2C模式**

厂商自主建站B2C模式与跨境B2B模式中的自主建站模式相似，差异在于在B2C模式下厂商面对的不是境外企业而是境外消费者。消费者可以通过厂商自主建立的网站完成对企业商品的浏览、选购、咨询、支付、投诉等。企业可以通过其网站完成商品信息发布、宣传推广、与消费者沟通，依托线下物流完成发货，线上进行售后服务等一系列流程。厂商自主建站B2C模式如图2-3所示，其中买家为个人消费者。

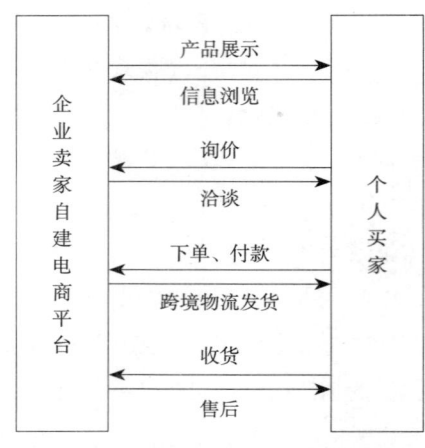

图2-3 厂商自主建站B2C模式示意图

厂商自主建站B2C模式的优势之处与跨境B2B模式相似，缺点在于个别的消费者很难会为了某一种商品来特别关注一个企业的网站，所以很多企业除了自建网站外，仍在其他第三方平台上开设自己的官方旗舰店。一般来说，适合开设独立电商网站的企业是具有一定影响力和稳定购买群体的品牌和品类，如服装服饰、化妆品、奢侈品箱包品牌等。图2-4为国内知名内衣品牌爱慕（Aimer）针对海外市场的在线商城。

图2-4 "爱慕"海外在线商城

资料来源：https://www.aimeronline.com。

2. 传统零售商网络零售模式

传统零售商网络零售模式与企业自主建站B2C模式本质相同，区别在于自主建站的企业为传统零售商，是传统零售商开拓线上零售渠道的一种模式。相较于企业自主建站B2C模式，传统零售商网络销售模式是将零售企业的供应链移接到网络中去，借助其完善的供应链体系和丰富的零售经验，通过网络商店的形式，为消费者提供更为便捷的购物方式。

如图2-5所示，传统零售商网络零售模式下，买方通过传统零售商自主建立的网站在线选购商品、下单支付，传统零售商通过线下跨境物流进行商品交付，完成交易。交易后的投诉及售后也通过网站完成。其中，传统零售商将其供应链与网络结合，而网站建设多通过外包来解决技术问题。比较有代表性的传统零售商网络销售模式如美国知名百货商场梅西百货（Macy's）的在线商店等（图2-6）。该在线商店可以向全球200多个国家或地区发货，并可用当地货币进行结算。图2-7所示为梅西百货对位于中国境内的消费者的物流和支付提示。

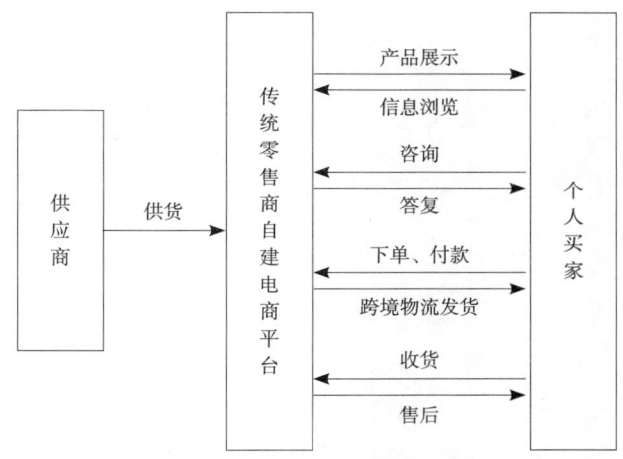

图2-5　传统零售商网络零售模式示意图

图2-6　梅西百货在线商城

资料来源：https://www.macys.com。

图2-7　梅西百货在线商城海外发货提示

资料来源：https://www.macys.com。

3. 平台自营B2C模式

平台自营B2C模式与传统零售商网络零售模式具有相同之处，即都是整合供应链并使之与电子商务及网络融合，不同之处在于传统零售商网络零售模式下的主体是传统零售企业，而平台自营模式下的主体是电商平台运营企业。在此模式下，平台建立后由平台运营企业作为主体整合供应商资源，然后将商品在平台上销售给消费者。相较于传统零售商网络零售模式，此模式的平台运营方在网站建设技术上具有一定的优势，建设及维护网站更为专业，且由于其在信息技术方面的先天优势，对数据的分析和运用更有利于其开展营销及服务。随着电商平台不断积累和扩大供应链资源，平台销售的商品品类也会更为丰富。此外，传统零售商需同时兼顾线上与线下业务，而平台只需关注线上销售业务，可以集中精力为消费者提供更为专业且优质的网络购物体验。

如图2-8所示，平台自营B2C模式下，买方选购平台自营商品，在线进行支付结算，平台再通过线下跨境物流进行商品交付，完成交易。交易完成后的投诉及售后也通过网站完成。平台自营B2C模式的典型代表为米兰网，图2-9所示为其产品展示页。

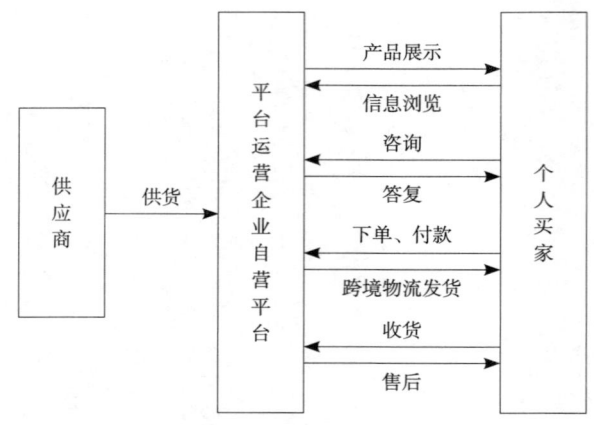

图 2-8 平台自营 B2C 模式示意图

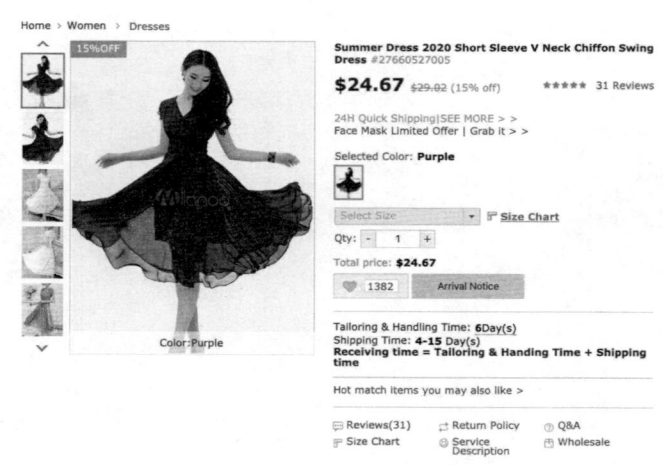

图 2-9 米兰网产品页

资料来源：https://www.milanoo.com/product/summer-dress-2019-short-sleeve-v-neck-chiffon-swing-dress-p527005.html#m26720。

（二）第三方平台型B2C模式

第三方平台型B2C模式是指B2C平台网站由第三方开发建设并运营，平台进行招商，并且统一进行运营管理，为企业提供服务并收取佣金。在这种模式下，平台充当着买卖双方媒介的角色。平台在其中为企业提供网站技术支持、宣传推广、支付、物流运输等服务。对企业来说，这种模式更为高效，更节约成本。尤其对于中小企业来说，在人力、物力、财力受限的情况下，选择合适的第三方B2C平台入驻不失为一种好的选择。第三方平台型B2C模式为企业提供一种新的销售渠道，企业可以快速打开市场、节约成本、提高交易效率。但同时也对企业提出相应的要求，企业需要具有熟悉网络销售、网店管理、供应链管理、仓储管理及物流管理的人才。

第三方平台型B2C模式示意图如图2-10所示，第三方平台通过招商吸引商家入驻，再将商家信息整合发布，消费者通过平台完成商品浏览和选购，并在平台上进行支付结算，卖方通过平台提供的物流服务进行商品交付，完成交易。交易完成后的投诉及售后也通过平台完成。第三方平台型B2C模式的典型代表是全球速卖通（AliExpress），图2-11、图2-12所示分别为其卖家的店铺首页和产品展示页。

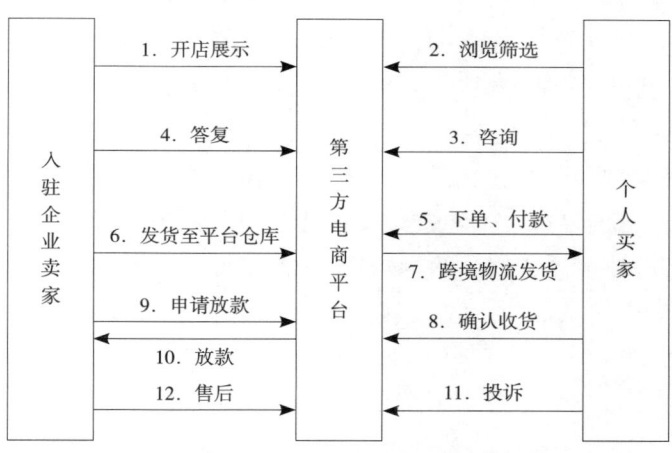

图 2-10　第三方平台型 B2C 模式示意图

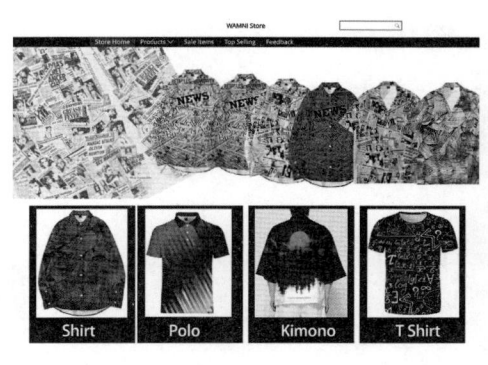

图 2-11　全球速卖通平台店铺首页

资料来源：https://www.aliexpress.com/store/。

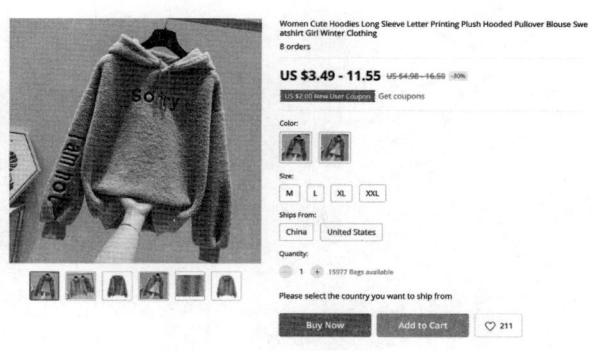

图 2-12　全球速卖通平台产品页

资料来源：https://www.aliexpress.com/item/。

三、跨境电商C2C模式

C2C模式是个人与个人之间，即消费者之间的电子商务。跨境C2C模式下，卖方借助网络平台发布待出售的海外商品信息，买方根据需求选购商品。比较典型的跨境C2C模式是我们熟知的海外代购。

海外代购事实上是最先为消费者熟知的跨境电商模式，通常由具有够买渠道的（身在海外或有亲朋好友在海外）个人，代替国内消费者在海外采购商品，并通过跨境物流送达到国内消费者手中。由于买卖双方均为个人消费者，所以海外代购是典型的跨境C2C模式。目前海外代购的两种主要模式是海外代购平台模式和朋友圈代购模式。

（一）海外代购平台模式

海外代购平台模式是指平台作为买卖双方媒介，吸引个人卖家入驻，销售海外商品。一般卖家主要是具有海外采购渠道和购买能力的个人，他们定期或不定期按客户订单采购商品或直接囤积购买某些特定商品，在买家下单支付后，通过跨境物流发送给买家。

海外代购平台的运营重点在于尽可能多的吸引符合要求的卖家入驻，平台自身不会深度涉及采购、销售及跨境物流环节。代购平台主要通过向入驻卖家收取入场费、交易费、增值服务费等获取利润。

海外代购平台的优势在于将代购资源集中，形成集群效应，为用户提供丰富的海外产品。另一方面，由于代购平台不过多涉及卖家采购环节，对入驻卖家的资质也难以有效把控，偶发的信用问题可能导致消费者对入驻卖家乃至整个平台的不信任，导致平台交易信用维护难度大、成本高。

（二）朋友圈代购模式

作为国内的主要社交平台，微信朋友圈的代购近年来悄然兴起。以亲朋好友等熟人建立起的社交网络，相较于海外代购平台，更容易建立起一定的信任。但是，如果代购信息经多次转发，信息的真实性和来源可能无从考察，可靠性会受到质疑。而且，朋友圈的范围有限、客源量小，因此朋友圈代购的发展会受到限制。

第二节　跨境服装电商主要交易平台

服装服饰是跨境电商交易的最主要品类之一，除专营服装服饰的垂直型跨境电商平台外，综合型跨境电商平台也以服装服饰产品作为主要交易品类。本节主要介绍以时尚产品作为主要交易品类的跨境电商平台。

一、主要出口平台

（一）敦煌网

敦煌网成立于2004年，其在线交易平台DHgate（英文域名dhgate.com）于2005年正式上线，是中国第一个B2B跨境电子商务平台，致力于帮助中国中小企业通过电子商务走向全球市场。敦煌网截至目前已拥有15年跨境B2B平台运营经验，是亚洲第一家建立诚信安全标准的跨境平台和全球第一家全供应链跨境服务平台。同时，敦煌网还是商务部重点推荐的中国对外贸易第三方电子商务平台之一。目前，敦煌网拥有200万家累计注册供应商，在线产品数量超过2200万，累计注册买家超过2100万，覆盖全球222个国家和地区，拥有50多个国家的清关能力，200多条物流专线，以及17个海外仓。

1. 敦煌网运营模式

敦煌网采用"交易服务型B2B"运营模式，与传统的贸易方式和其他跨境电子商务平台相比，敦煌网的模式比较新颖，以交易服务为核心，提供了整合信息服务、支付服务、物流服务等在内的全程交易服务，并在交易完成之后收取佣金。敦煌网开创了"为成功付费"的在线交易模式，突破性地采取佣金制，免注册费，只在买卖双方交易成功后收取费用。但是，自2019年2月20日起，敦煌网的新注册卖家开始需要缴纳平台使用费，如仅注册不缴费，则只处于体验阶段，店铺无法正常经营，只有在缴纳平台使用费后，才可进行身份认证，并在认证通过后，卖家上传的产品才可被买家看到。敦煌网的平台使用费并不高，并且由于其佣金制的模式，通过敦煌网进行出口贸易的成本不算高，对中小企业来说，既节省了开支，又降低了风险，同时还避开了与阿里巴巴国际站、环球资源网等其他B2B平台卖家的竞争。

2. 敦煌网主要市场及经营品类

敦煌网的买家主要集中在北美、欧洲和澳洲等发达国家；买家群体主要是海外中小零售商和批发商，他们熟悉并依赖网络采购模式，采购频率高，以批量为主。

敦煌网经营范围广泛，涵盖消费电子类产品、运动户外、健康美容、鞋服、玩具、家居园艺、婚纱礼服、珠宝手表、箱包配饰、电脑游戏、汽车摩托车等各类产品。服装是当前敦煌网流量最高的经营大类，也是敦煌网最具发展潜力的类目之一。敦煌网服装类目下包括女装、男装、内衣、扮演类、缝纫工具、服装面料、民族服饰、舞台服装等细分类目，其中，女装、男装、内衣和扮演类是服装大类下的四大主营类目（图2-13）。

从买家分布来看，服装类产品的买家主要来自美国、英国、加拿大、法国、西班牙、澳大利亚、荷兰、德国、意大利、波兰等。其中，美国占比最高，达49%。敦煌网销售的服装产品种类丰富，国内货源充足，主要集中在广东、江浙、福建、上海等地。

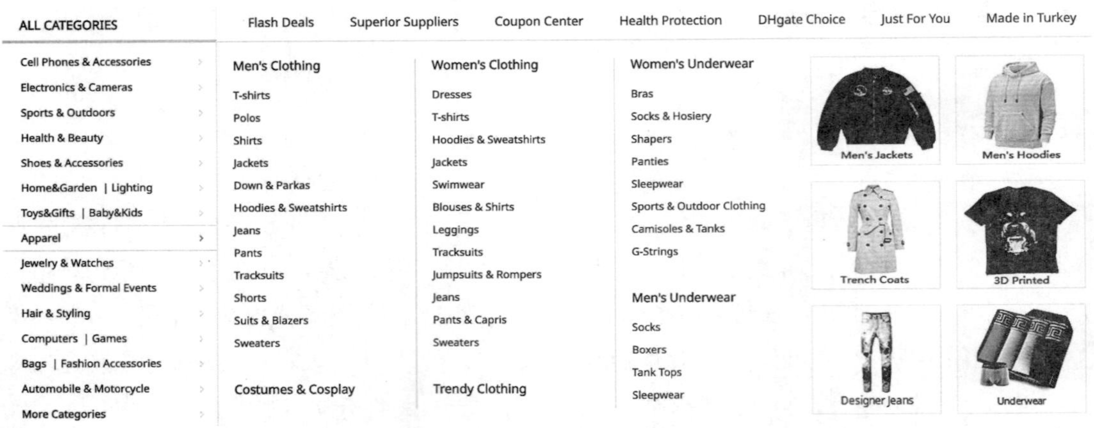

图 2-13 敦煌网主要经营类目

资料来源：https://www.dhgate.com/。

从图2-14可以看出，服装类的销售额连年上涨，成为敦煌网销售的主力军。从服装主要经营类目销售占比来看，男装占比最高（图2-15）。其中，男装主要热销品类为T恤/polo衫、卫衣、外套、牛仔裤、休闲运动裤等类目。女装热销主要品类为外套、连衣裙、卫衣、T恤、运动套装等类目。

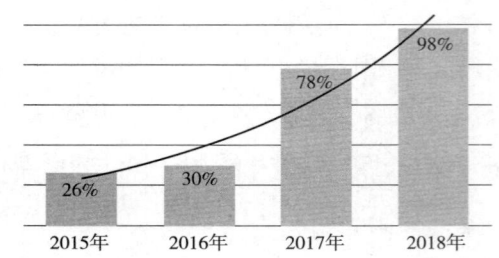

图 2-14 敦煌网服装品类近4年销售额增长情况
资料来源：https://seller.dhgate.com/industry-trends/c_41491.html#cms_industry_trendsreport-list-5。

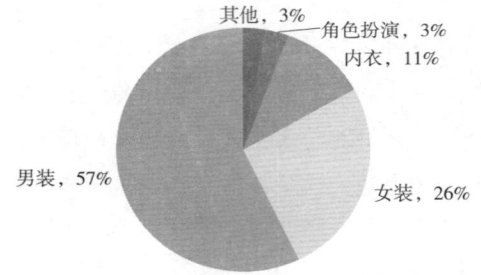

图 2-15 2018年敦煌网服装主要经营类目销售额占比
资料来源：https://seller.dhgate.com/industry-trends/c_41491.html#cms_industry_trendsreport-list-5。

（二）全球速卖通

全球速卖通（AliExpress），简称速卖通（英文域名aliexpress.com），正式上线于2010年4月，是阿里巴巴集团旗下的面向全球市场的在线交易B2C电商平台。目前，速卖通已覆盖全球230个国家和地区，俄罗斯、美国、西班牙、巴西、法国等国是最主要的交易市场。AliExpress APP（速卖通手机应用）海外装机量超过6亿，入围全球应用榜单前十位。速卖通平台销售商品涉及日常消费类目的22个行业，海外成交买家数量突破1.5亿，是当前中国最大的出口B2C电商平台。

1. 速卖通运营模式

作为阿里巴巴旗下面向全球市场打造的跨境电商出口平台，速卖通致力于帮助中小企业卖家实现小批量、多批次快速出口，被称为"国际版淘宝"。速卖通面向海外买家，通过支付宝国际账户进行担保交易，并使用国际快递发货，是融合订单、支付、物流于一体的外贸B2C在线交易平台。2015年，速卖通对外宣布，从2016年1月开始，对所有平台用户按照其所属的行业，分别收取技术服务费，之后按不同行业以不同的年销售总额进行返还。总体来说，速卖通入驻简单便捷，用企业支付宝账号即可认证开店。同时，由于其具有中文后台界面，海外买家80%为静默下单，服务咨询少，卖家不懂专业英语也能轻松操作。此外，速卖通有成熟的物流体系，通过其无忧物流和在线发货等服务即可轻松解决物流问题，而卖家也只需将包裹交给物流商即可由其代为办理报关等业务，卖家真正实现了无忧发货。速卖通采取国际支付宝担保交易，可以通过支付宝和银行卡收取美元和人民币两种货币，收款非常便捷安全。

2. 速卖通特色服务

速卖通提供淘代销、全球速卖通大学、一达通等特色服务。其中，淘代销是一个帮助速卖通卖家降低产品发布成本的一键搬家发布工具。淘代销工具拥有淘宝产品一键导入、自动翻译全力协助、批量工具自主修改、图片空间不受限制四大核心功能，能够帮助速卖通卖家将淘宝网上的产品轻松采集到全球速卖通平台进行销售。没有淘宝店的速卖通卖家也可以使用代销功能，境外买家在速卖通平台对卖家发布的代销产品下单后，速卖通卖家从淘宝进货、验货之后，发给境外买家即可。

为了方便卖家，阿里巴巴开设了全球速卖通大学网上培训，通过网络视频、在线经验交流、书籍传播等形式，帮助速卖通全球卖家熟悉速卖通业务。

2014年，阿里巴巴全资收购了深圳市一达通企业服务有限公司，成立了阿里巴巴旗下的外贸综合服务平台，专业服务于中小微企业的外贸业务需求。目前，一达通已成为中国国内进出口额排名第一的外贸综合服务平台，为中小企业提供专业、低成本的通关、外汇、退税及配套的物流和金融服务。

3. 速卖通主要市场及经营品类

速卖通卖家主要分布在俄罗斯、美国、西班牙、巴西和法国五大市场，五国交易额占速卖通平台交易额2/3的比重。速卖通平台囊括22个行业的日常消费类目，主要包括手机配件及通讯、男女服装、消费电子产品、珠宝手表、美容健康、家居园艺、箱包鞋帽、户外运动、婚纱礼服等（图2-16）。其中，服装是速卖通销量的主力军，也是速卖通重点扶持的产业。

图2-16　全球速卖通主要交易市场和品类

资料来源：https://v.youku.com/v_show/id_XMzYyNjAwMDk4MA==.html?spm=5261.11333555.006.4.30b327c4NArNct。

（三）米兰网

米兰网（英文域名Milaoo.com）成立于2008年，是独立建站的跨境B2C出口平台。米兰网旗下有多个垂直品类跨境电商网站和自有服饰品牌，全系网站分别覆盖全球9大主流语言国家和地区，已在210多个国家和地区开通了在线购物、配送和售后一体化服务。

1. 米兰网主要经营品类

米兰网创立之初以特色化、差异化作为发展定位，其婚纱礼服和扮演（Cosplay/Costume）两大品类已具有全球影响力，而时尚服饰是米兰网近年来又一快速发展的品类。目前米兰网主营婚纱礼服、女装、扮演、配饰、鞋、男装、数码七大品类产品（图2-17），拥有100多万SKU❶，在全球拥有1000多万的用户。

2. 米兰网运营模式

相较于第三方平台卖家，米兰网的自建独立站模式要投入更多，整个跨境交易链条，从平台的产品、营销、市场、供应链，到技术、售后服务、物流和海外仓等流程，都要自主管控。米兰网选择独立站的运营模式，源于其本身具有优良的供应链和ERP系统，可以很好地对接供应商，而通过建立一个前端展示平台，即可最大化发挥其供应链优势，直接进入跨境电商领域。米兰网认为，建立自己的网站不会让自己的产品依赖于别的平台，可以更好地保持业绩的长期稳定增长。发展至今，米兰网已实现月浏览量达百万，年GMV❷破亿，建立了自己的竞争壁垒❸。

米兰网采用跨境B2B2C的运营模式，通过与供应商的合作，向海外顾客提供优质的产品与服务。米兰网与供应商的合作模式如图2-18所示。

在这一模式下，供应商以供货方形式与米兰网合作，只需负责上传商品和根据订单及时发货至米兰网平台的集货仓，无须承担任何运营推广环节和跨境交付环节。米兰网负责市场、营销和运营，与境外顾客达成交易，并完成订单的交付。这一合作模式类似传统贸易模式中的间接出口，尤其适合优质的传统厂商无障碍快速实现跨境出口贸易。

在供应商选择方面，米兰网既招募有代理或者授权证明的贸易批发商，也招募有自主设计、研发和生产能力的工厂，尤其优先考虑与工厂合作。供应商需有稳定的供货能力、严格的品控流程、专业的售后服务，同时能接受少批量多频次采购，且保证在订单后3天内交货。同时，有常备库存，有自主设计、开发能力，能每月固定推新，能提供自主拍摄的外模原图的供应商是米兰网的优选合作伙伴。

---

❶ SKU(Stock Keeping Unit，库存量单位)，即库存进出计量的基本单元，可以是件、盒等。现引申为产品统一编号的简称，每一产品均对应有唯一的SKU号，即单品号。当产品品牌、型号、配置、等级、花色、包装容量、单位、生产日期、保质期、用途、价格、产地等属性中任一属性与其他商品不同时，可称为一个单品(SKU)。

❷ GMV(Gross Merchandise Volume)是电子商务平台常用指标，指网站的成交金额，包括付款金额和未付款金额两部分，具体计算公式为：GMV= 销售额 + 取消订单金额 + 拒收订单金额 + 退货订单金额。通俗来说，就是指产生的付款订单和未付款订单总额。电商平台利用 GMV 进行交易数据分析，虽然 GMV 不是实际的购买交易数据，但只要顾客点击了购买，即便并未实际购买，但也反映了其购买意向，分析 GMV，可以研究顾客退单的比率，GMV 与实际成交额的比率等。

❸ 米兰网：http://www.milanoo.cn/dhtml/news/item-id-202.html。

WOMEN	DRESSES	SHOES	COSTUMES
New in	Bikini Swimsuits	New in	Cosplay New A...
Maxi Dresses	One Piece Swi...	High Heels	Retro Hats & ...
Women's Coats	Monokini Swim...	Mules & Clogs	1970s costume
Vintage Dresses	Cover ups	Platform Pumps	Kids Costumes
Bodycon Dress	Clubwear Dres...	Over Knee Boots	Shiny Metallic ...
Bohemian Dres...	Panties	Booties	Latin Dance Co...
Jackets	Hosiery	Sexy Shoes	Belly Dance Co...
Corsets & Bust...	Bedroom-Cost...	Wedding Shoes	Paso Doble Da...
Blouses	Corsets	Men's Loafers	Flapper Dress ...
Two Piece Sets	Bras	Men's sneakers	Cheerleader C...
	Health & Welln...	Shoes Accesso...	Movie & TV Ap...
COSPLAY	LOLITA	WEDDING OCCASION	MEN
New Arrival	New Arrival	1950's Short ...	New Arrival
Anime Cosplay	Original Design	Lace Party dress	Casual Shirts
Movie TV Dra...	Lolita Jewelry	Trumpet/Merm...	Blazers
Game Cosplay ...	Lolita Outfits	Beach Weddin...	Sweaters
Other Cosplay	Lolita Accessory	Princess weddi...	Bomber Jackets
VOCALOID Cos...	Lolita Bags	Cheap Weddin...	Jeans
Dragon Ball co...	Lolita Hats	Prom Dresses	Active wear
One Piece Cos...	Lolita Headdress	Cheap Party Dr...	Dress Vests
Disney Cartoon		Bridal Accessor...	Underwear
		Wedding Rece...	Accessories
		Wedding Cere...	Arabian Clothing

图 2-17 米兰网主要经营品类

资料来源：https://www.milanoo.com/。

图 2-18 米兰网运营模式

资料来源：http://www.milanoo.cn/dhtml/suppliers/index.html。

（四）Wish

Wish于2011年成立于美国加州高科技事业云集的硅谷地区，2013年正式进入外贸电商领域，为用户提供超值产品的分享和购买服务。Wish近年发展迅速，已成为北美和欧洲最大的移动电商平台，在各国移动端的排名均居购物类前列。Wish创始团队的工程师背景奠定了其先天的技术优势，平台使用优化算法大规模获取数据，快速了解如何为每个客户提供最相关的商品，让消费者在移动端便捷购物的同时享受购物的乐趣，被评为硅谷最佳创新平台和欧美最受欢迎的购物类APP。目前，Wish平台拥有超过3亿的移动买家用户，每天有超过1000万用户活跃在平台上浏览商品，月活跃用户数超过7000万，周复购率达到75.5%，日均订单量超过200万。Wish平台90%的卖家来自中国❶。

1. Wish的运营特点

相较于传统电商平台，Wish的卖家入驻门槛低、平台流量大、成单率高、利润率也更高。Wish依靠移动客户端的开发，与传统PC端展开差异化竞争。基于其强大的技术力量，Wish会根据消费者的人口统计特征、购买行为和收藏夹向相关消费者展示卖家的产品，为每个用户营造了一个愉悦有趣、个性化的浏览体验，使产品曝光更有效，销售转化率更高。

2. Wish的经营品类

随着Wish平台的飞速发展，平台的经营品类也逐步扩大。由图2-19可以看出，Wish的经营品类主要包括工具、家居、配饰、爱好、美妆、时尚、鞋品和儿童共八大类别，销售商品超过7500万种。

图2-19 Wish平台主要品类
资料来源：Wish官方微信公众号。

（五）Shopee

Shopee 2015年成立于新加坡，随后拓展至马来西亚、泰国、中国台湾、印度尼西亚、越南及菲律宾等地，是近几年新崛起的C2C类跨境电商平台。Shopee社群粉丝数量超过3000万，拥有700万活跃卖家，是东南亚地区发展最快的电商平台，也是我国产品出口东南亚的首选平台。2018年，Shopee GMV达到103亿美元，同比增长149.9%。2019年第一季度，Shopee季度GMV同比增长81.8%，总订单数同比增长82.7%，APP下载量超过2亿。

---

❶ Wish 商户平台：www.merchant.wish.com。

Shopee拥有众多商品种类，包括服装服饰、电子消费品、家居、美容保健、母婴及健身器材等。服装是非常重要的销售品类（图2-20）。

图 2-20 Shopee 主要经营品类
资料来源：Shopee官网.https://shopee.com.my/。

近年来，Shopee加大了对中国跨境电商市场的投入。2016年1月，Shopee于深圳和香港设立办公室，为中国跨境卖家打造一站式跨境解决方案，提供流量、物流、孵化、语言、支付和ERP支持。2017年7月，设上海办公室，服务华东市场。2019年4月，Shopee于厦门建立全国首个Shopee跨境孵化中心，增设福建转运仓。随后又与杭州跨境电商综试区签署合作备忘录，发布区域基建、人才发展及产业集群构建等战略合作举措。

二、主要进口平台

（一）天猫国际

2014年2月，综合型跨境进口B2C平台天猫国际正式上线，为国内消费者直供海外原装进口商品。入驻天猫国际的商家均为中国大陆以外的公司实体，具有海外零售资质；销售的商品均原产于或销售于海外，通过国际物流经中国海关正规入关。

为便利国内消费者的购买，所有天猫国际入驻商家均配备中文咨询，并提供国内售后服务，消费者可以像在淘宝购物一样使用支付宝买到海外进口商品。在物流方面，天猫国际要求入驻商家72小时内完成发货，14个工作日内送达货品，并保证物流信息全程可跟踪。同时，依托淘宝和天猫原有的客源，用户无须另外注册即可购买天猫国际的商品，十分便捷。淘宝和天猫多年的电商运营经验和口碑也为天猫国际打下良好的顾客基础，上线后很快成为国内消费者选购海外商品的主要渠道之一。

（二）洋码头

综合平台型跨境进口电商洋码头于2011年上线，目前拥有近4800万用户。洋码头开创性的建立"买手制"海外购物平台和"场景式"购物模式，在全球83个国家和地区拥有超过6万名认证买手。买手入驻洋码头平台需要通过严格的资质认证与审核，如提供海外长期居住、海外身份、海外信用、海外经营资质等多项证明材料。同时，买手需能够全力服务于中国市场，将世界上潮流的生活方式、优质的商品、文化理念通过"动态的场景式直播"和"优质的个性化服务"分享给中国消费者，让中国消费者足不出户便可轻松、便捷地进行一站式全球采购。

洋码头是跨境行业中唯一自建国际物流的跨境电商平台。截至目前，洋码头已在全球建立了15个大型国际物流中心，可服务于20多个国家和地区，覆盖了美国、日韩、澳洲、欧洲等主流海淘国家和地区，每周近90多个全球班次航线入境，全程封闭运输，实时监控。洋码头旗下官方物流贝海国际与海关全面对接入境包裹信息，大大提高了清关效率，并通过在线查询运输状态实现"海外正品"溯源，保证运送过程完全封闭，避免拆包调包，形成了业内难以效仿的核心竞争力。

（三）考拉海购

网易考拉成立于2015年，是网易公司旗下的自营型B2C进口平台。2019年9月，阿里巴巴宣布与网易达成战略合作，阿里巴巴集团以20亿美元全资收购网易考拉，将其更名为考拉海购。

考拉海购以海外母婴产品为起点，逐步将业务拓展至包含美妆个护、美食保健、家居日用等全品类。

考拉海购主打自营直采，在美国、德国、意大利、日本、韩国、澳大利亚、中国香港和中国台湾等地设立分公司或办事处，成立专业采购团队深入产品原产地，对所有供应商的资质进行严格审核，并设置严密的复核机制，从源头上杜绝假货，保证商品的安全性。考拉海购已与全球数百个优质供应商和一线品牌达成战略合作。自营直采的模式省去了中间环节，保证了商品的质量和价格。

思考题

1. 分析自营型跨境电商平台和平台型跨境电商平台运作模式的差异，分析其各自的优劣势。

2. 选择一个本章介绍的出口跨境电商平台，以图示形式说明其运作模式。

3. 除本章所介绍的跨境服装电商主要平台以外，查找其他1~2个以服装为主要经营品类的跨境电商平台，对其做简要介绍。

基础知识

跨境电商流程

课程内容： 从跨境电商经营者角度，讲授出口跨境电商和进口跨境电商的流程和主要环节。

课程学时： 6学时

课程要求： 讲授跨境B2C贸易流程所涉及的各个环节，要求学生掌握备案、前期准备、开店流程、出口发货、通关、资金结算、出口退税及进口缴税等内容。

第三章　跨境电商流程

跨境电商比单纯的境内电商涉及更多的工作环节，流程也更为复杂，尤其是诸如境外物流、海关清关、国际支付和结汇等跨境交易特有的环节。如前所述，跨境电商的贸易模式主要分为B2B模式和B2C模式。B2B跨境贸易是将商品通过跨境电商平台批发给他国厂商、零售商或经销商，也称跨境批发；而B2C跨境贸易则直接将商品通过跨境电商平台销售给他国消费者，也称跨境零售。实际上，通过互联网线上进行产品展示和交易，线下按一般贸易等方式完成的企业对企业的跨境B2B贸易，本质上仍属传统贸易。而跨境零售则比跨境批发涉及更多新的环节和规则。因此，本节重点以跨境B2C贸易来介绍跨境电商的业务流程，按出口流程和进口流程分别介绍。

第一节　出口跨境电商流程

从跨境电子商务商品经营企业，即跨境电商卖家的角度来看，出口跨境电商的经营流程可分为网上备案、前期准备、开店经营、物流发货和资金结算五大主要环节，如图3-1所示。只有各个环节有效衔接，才能保证跨境出口交易的顺利完成。

```
┌────────┐   ┌────────┐   ┌────────┐   ┌────────┐   ┌────────┐
│ 网上备案 │ → │ 前期准备 │ → │ 开店经营 │ → │ 物流发货 │ → │ 资金结算 │
│        │   │ *选择平台│   │ *注册店铺│   │ *发货   │   │ *平台放款│
│        │   │ *选择产品│   │ *上传产品│   │ *通关   │   │ *结汇   │
│        │   │        │   │        │   │        │   │ *出口退税│
└────────┘   └────────┘   └────────┘   └────────┘   └────────┘
```

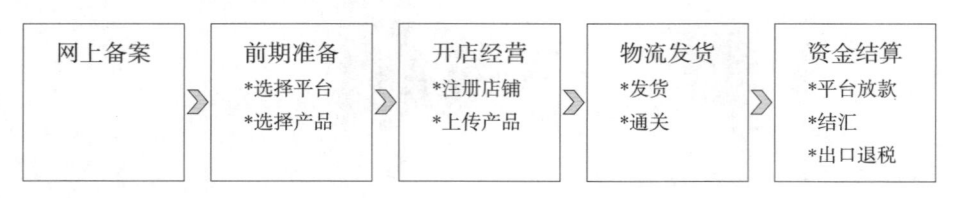

图 3-1　出口跨境电商流程

一、网上备案

根据国家质量监督检验检疫总局2016年1月1日开始实行的《跨境电子商务经营主体和商品备案管理工作规范》（以下简称《工作规范》，参见附录三），跨境电子商务经营主体开展跨境电子商务业务的，应当向检验检疫机构提供经营主体备案信息。跨境电子商务商品经营企业在商品首次上架销售前，应当向检验检疫机构提供商品备案信息。跨境电子商务经营主体，是指从事跨境电子商务业务的企业，包括跨境电子商务商品的经营企业、物流仓储企业、跨境电子商务交易平台运营企业和与跨境电子商务相关的企业。跨境电子商务商品，是指通过跨境电子商务交易平台销售的进出口商品。

《工作规范》规定，地方政府建有跨境电子商务公共信息平台的，跨境电子商务经营主体应通过公共信息平台向检验检疫机构备案信息。地方政府未建有跨境电子商务公共信息平台的，跨境电子商务经营主体应通过检验检疫机构认可的信息平台备案信息。以北京地区跨境电商主体备案为例，跨境电商主体需登录北京跨境电商服务平台，点击企业备案，在线填写并提交见表3-1。

表3-1 跨境电子商务企业注册登记表

企业基本信息				编号：_____
临时登录密码：		重复密码：		企业名称：
法定代表人名称：		企业营业执照注册号：		企业成立时间：
企业经营范围：				
企业注册地址：		海关注册证书编号：		
海关十位编码：		企业联系人：		联系方式：
传真：		企业通信地址：		
是否具备报关资质：（是/否）		国检备案证书编号：		国检信用等级级别：
企业类型：	○平台企业 ○物流企业	○电商企业 ○综合贸易服务企业	○支付企业 ○仓储企业	
关联企业：请在下面6个文本框中录入相关的关联企业，每录入一家企业，按回车结束				
平台企业：				
电商企业：				
支付企业：				
物流企业：				
综合贸易服务企业：				
监管场所经营企业：				
备注				

资料来源：http://www.bjkjb2c.com/portal/。

二、前期准备

（一）选择平台

跨境电子商务平台是指分属不同关境的交易主体达成交易和进行支付结算的跨境电子商务虚拟空间。除少部分具备足够的能力通过自建平台开展跨境电商的企业以外，大部分企业会选择通过第三方平台开展跨境电商业务。因此，选择跨境电商平台是跨境电商卖家在进行产品销售前需要考虑的首要问题。

主流的跨境电子商务平台各有特点，具体运作模式亦有不同。初入跨境电商行业的企业，要根据自身的经验、资源和精力选择合适的平台，才能迈出跨境贸易的第一步。选择平台时，可结合以下几项因素综合考虑：

1. 平台主销品类

虽然很多跨境电商平台都是综合型电商平台，但各平台主销品类却不尽相同。在选择跨境电商平台时，首先要考查平台的热销品类有哪些，这些品类的档次与竞争程度如何，是否符合企业自身目标和定位。服装服饰类产品基本是各主要出口跨境电商平台的主销品类，无论是速卖通还是亚马逊。需要注意的是，速卖通以低价商品为主；亚马逊（Amazon）对产品品质及品牌方面要求较高，而作为全品类综合型移动跨境电商平台的Wish则主要靠价廉物美吸引客户。

2. 平台主要市场

跨境电商平台的市场可遍布世界各地，但各平台的主要买家分布却有所差异。因此，在选择平台时，也要结合企业自身的目标市场策略，优选在企业核心目标市场具有市场优势的平台。此外，国外的电商平台可能在某些国别或地区市场具有较大优势，尤其是在其平台母国。例如，亚马逊主要市场在美国和加拿大，亿贝（eBay）的核心市场在美国和欧洲，而Wish在北美移动端人气很高。国内主要的出口B2B平台中，阿里巴巴国际站的买家主要分布在欧洲和南、北美洲，但近年来中东地区买家增速较快。而B2C平台速卖通的主要市场分布在南、北美洲和东欧地区，且在新兴市场发展迅速。

3. 平台知名度

选择第三方平台的卖家多是中小企业，自身的网络运营和推广能力有限，主要依靠平台影响力获得订单。主流跨境电商平台如亚马逊、速卖通、eBay、Wish等，平台运营成熟度高，具有广泛的买家群体，平台推广能力较强，可为企业带来流量和推广优势，从而促进产品的销售。此外，符合企业产品特点和发展方向的新兴跨境电商平台也可作为企业发展跨境电商业务的补充平台。

4. 平台运营难度

出于对风险的考虑，企业在初期入驻跨境电商平台时，应对平台运营难度及运营费用进行综合考量，宜选择门槛较低、运营难度和风险较低的跨境电商平台。速卖通2016年起只接受企业入驻，并对品牌有一定要求，每年收取5000~10000元年费（年销售额达一定金额可退部分或全部），无产品刊登费，收取5%左右成交佣金，产品推广费用较多；亚马逊对产品要求较高，入驻较难，按月收佣金，并收取成交佣金5%~15%的推广服务费；eBay收费项目较多，注册免费，开设店铺须交租金，有免刊登额度，额度外每个收取刊登费，不同国家佣金不同，一般约10%；Wish入驻较为容易，入驻免费，无刊登和推广费，收取15%成交佣金。另外，不同平台提现均收取一定提现费用[1]。

---

[1] 陈晓琴,梁丽萍. 福建中小企业第三方跨境电商交易平台的选择 [J]. 电子商务,2018,227(11):24-25.

5. 平台服务

平台服务能力也是中小企业选择跨境电商平台的重要因素。如果平台物流、平台客服、店铺管理、营销推送等服务能力较强，能给企业带来很大帮助。目前，主流跨境电商平台都推出了一体化的服务，在产品发布、市场推广、订单处理、客服、物流、支付和培训等方面为卖家提供了很大便利。初入跨境电商行业的企业宜选择这类服务完善的平台，保障交易的达成。

（二）选择产品

1. 跨境产品的选择

通常来讲，可以从以下角度考虑选择适合通过跨境电商方式出口的产品：

（1）市场潜力巨大，利润率比较高。随着跨境电商发展红利时代的结束，跨境电商卖家的利润率在逐步下降。调查显示，近8成中国跨境电商卖家的税前利润率[1]不到25%[2]。为此，对新进入跨境电商的卖家来讲，更要考虑选择具有市场潜力且利润率高的产品。

（2）操作简单，售后服务需求低。需要指导安装的产品不适合做跨境电商出口，因为后续的服务成本会较高。

（3）适合国际物流。跨境电商以邮件和快件为主要物流方式，因此要选择体积较小、重量较轻、不容易破碎的产品。

（4）独立设计。自主设计开发的产品对消费者来讲具备新颖性，有利于实现差异化竞争，也可以很好地避免知识产权问题。

（5）合规。产品不能违反平台和目的国的法律法规，尤其要避免销售违禁品或涉嫌侵犯知识产权的产品，否则会付出法律代价。

具体来说，产品的选择要以市场调查为依据，才能更好地进行产品定位和利润分析。首先，卖家可以结合平台数据进行分析。以速卖通为例，卖家可以通过速卖通后台的数据，了解哪些类目的买家最多、产品最为热卖、竞争力最小等。其次，卖家可以利用谷歌趋势[3]（Google Trends）等工具来调查某类产品的市场需求状况。最后，利用一些关键词搜索工具，如Merchantwords[4]等，卖家可以形成更具体的选品思路，然后针对在售产品进行利润机会和市场竞争程度的分析。随着跨境电商服务市场的发展，越来越多的第三方数据分析工具（如Jungle Scout、Keepa等）可以协助卖家进行产品分析，快速比对各个品类的机会和风险，提高卖家选品的效率。

---

[1] 税前利润率（税息折旧及摊销前利润率）是指一家公司运营利润占总收入的百分比，相当于未计利息、税项、折旧及摊销前的收入与总收入之比。

[2] 雨果网：https://www.cifnews.com/article/22904。

[3] 谷歌趋势（Google Trends）是 Google 推出的一款基于搜索日志分析的应用产品，它通过分析 Google 全球数以十亿计的搜索结果，告诉用户某一搜索关键词各个时期下在 Google 被搜索的频率和相关统计数据。

[4] Merchantwords 是一款针对亚马逊卖家使用的关键词工具。其提供的关键词是根据亚马逊买家真实的搜索作为参考依据，给出搜索结果。这款工具可以提供庞大的关键词词库，并包含关键词的搜索热度参考，可以为卖家的选品提供参考，是目前中国卖家使用最多的关键词工具之一。
资料来源：http://www.merchantwords.tech。

示例：利用Google Trends进行服装选品参考

利用Google Trends，我们可以了解到感兴趣的商品在哪个国家/地区比较受欢迎，在什么时候搜索量最高，并比较不同商品的搜索热度。

例如，如果想了解运动衫/卫衣这类产品的销售热度情况，可以在Google Trends中输入关键词sweatshirt（运动衫/卫衣），在页面中的"country（国家）"标签下选择"worldwide（世界范围）"❶，在"period（时期）"标签下选择"past 12 months（过去12个月）"❷，在"category（主题类别）"下选择"shopping（购物）"，就可以了解到在过去1年间，运动衫在各国以购物为主题下的搜索量，以此得到不同国家消费者在运动衫选购方面的基本搜索情况（图3-2）。

图3-2 运动衫国别搜索热度

由图3-2可以看出，运动衫/卫衣搜索热度排名前五的国家分别为土耳其、丹麦、美国、英国和瑞典，热度值分别为100、94、91、75和46，由此可以判断这五个国家的消费者，尤其是土耳其、丹麦和美国的消费者对运动衫/卫衣更感兴趣。从不同时期的搜索量来看，运动衫/卫衣在一年中不同时期的搜索量反映了产品需求的季节性，12月份是人们选购运动衫/卫衣的高峰期［图3-3（a）］，而6~7月份人们对于运动衫/卫衣的需求显著下降［图3-3（b）］。

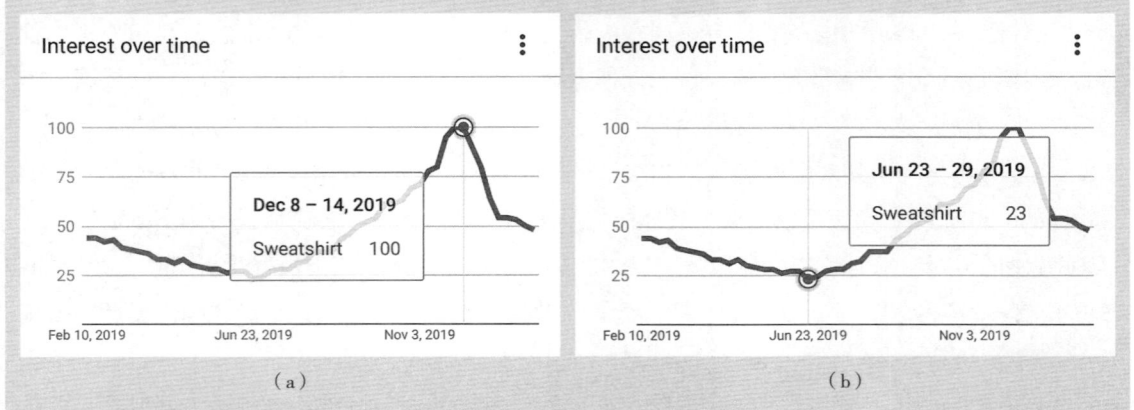

图3-3 运动衫过去12个月购物搜索热度

除了解到某类产品在不同国家和不同时期的搜索热度外，通过Google Trends还可以了解到对于某类产品，消费者在选购时常用的其他热搜词。如图3-4所示，与sweatshirt相关的前十大热搜词分别是帽衫、耐克运动衫、男士运动衫、冠军（品牌）运动衫、冠军（品牌）、女士运

---

❶ 也可选择某一具体国家，结果会显示该国各地区的搜索热度。
❷ 也可选择"过去1小时""过去4小时""昨天""过去7天""过去30天""过去90天""过去5年""2004年至今"。

动衫、阿迪达斯运动衫、Earl Jean（品牌）运动衫、黑色运动衫和毛衫。这些热搜词可以帮助卖家了解到受欢迎的产品及品牌，并有针对性地进行产品分析和竞争者分析。

Related queries	Top		Related queries	Top
1 hoodie	100		6 womens sweatshirt	67
2 nike sweatshirt	93		7 black sweatshirt	62
3 sweatshirt mens	69		8 adidas sweatshirt	53
4 champion	68		9 white sweatshirt	53
5 champion sweatshirt	67		10 sweater	49
（a）			（b）	

图 3-4　运动衫相关热搜词（排名前十）

Google Trends同时具有比较功能。例如，如果卖家想对运动衫/卫衣类产品和牛仔裤产品的搜索情况进行比较，可以输入"sweatshirt"和"jeans（牛仔裤）"两个关键词，就能看到如图3-5所示的两类产品的搜索量对比情况。从图中可以看出，牛仔裤的平均搜索热度值在80以上，而对比而言，运动衫的平均热度值不足20。这类比较对于卖家的产品选择也具有重要参考价值。

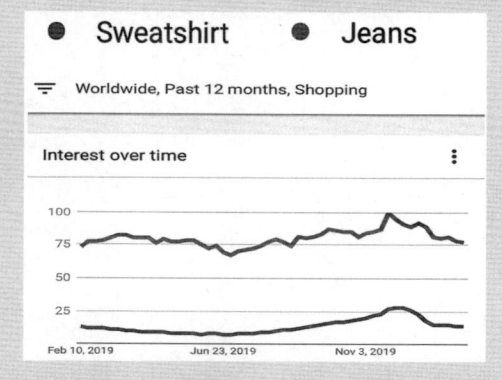

图 3-5　"运动衫"与"牛仔裤"过去12个月购物搜索热度比较

2. 常见产品渠道

在确定了拟销售的产品后，如果卖家本身不是生产商，就需要从其他渠道获得优质又稳定的货源。优质的产品是跨境电商卖家获取更多订单，赚取更多利润的基础。进货渠道对跨境出口电商的供货能力而言至关重要。进货渠道的选择，需从质量、议价空间、是否便捷等方面综合考虑。常见的产品进货渠道有生产厂家、批发市场、电商网站等，见表3-2。

表3-2　常见产品渠道

渠道	优点	缺点
厂家	货源充足且稳定，价格有优势	一次进货金额较高，经营风险大
批发市场	货源有保障，质量透明	价格较高，容易压货
B2B网站	操作灵活，不受时间和地域限制	价格偏高
淘宝等	产品的用户评价清晰可见	货源和产品品质不稳定
代销	成本低	质量难以把控

从上表可以看出，出口电商的产品渠道有很多选择。一般来说，零售的订单可以在国内其他网店进货；批发的订单可选国内批发网站或批发市场。对于新手卖家而言，无论如何选择，首次进货宜坚持多品少量，如果产品销量好再后续进货，同时在对市场有一定把握之后再确定自身的产品定位。

三、开店经营

（一）注册店铺

在确定好平台和产品之后，即可在平台进行注册认证，申请入驻平台开设店铺。一般平台的店铺注册都会经过注册、缴费和认证三个环节。

例如，卖家若选择在敦煌网开店，首先要进行卖家注册，除手机号码和常用邮箱外，还需选择主营行业（图3-6）和用户类型（可为个人、内地企业、香港企业和海外企业）。注册成功后，需要缴纳平台使用费❶。目前敦煌网的平台费用可选择一年有效、半年有效和一个季度有效三档，卖家可根据自身情况进行选择缴费。完成缴费后，卖家方可进行身份认证，只有通过身份认证后，卖家发布的产品才能被买家看到。

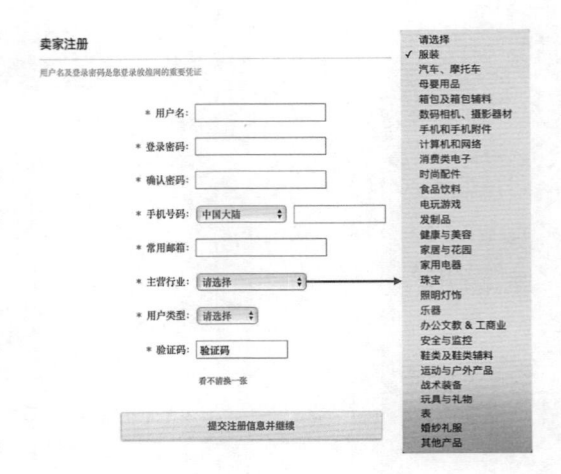

图3-6 敦煌网卖家注册

图3-7为速卖通平台的开店流程。第一步是开通账号，即速卖通卖家通过邮箱和手机先进行注册，随后进行企业支付宝认证；第二步是提交入驻资料（个别经营类目需要资质，审核通过方可经营；若要经营商标，需提供商标材料交平台审核）；第三步，根据经营类目缴纳相应的年费；第四步，完善店铺信息（进入卖家后台设置店铺名称和二级域名，若申请开设官方店，同步设置品牌官方直达及品牌故事内容）；第五步，入驻完成，可开始发布商品，开店经营。

STEP 1	STEP 2	STEP 3	STEP 4	STEP 5
开通账号	提交入驻资料	缴纳年费	完善店铺信息	开店经营

图3-7 速卖通开店流程

（二）上传产品

各平台对上传产品有各自的规则要求、流程及注意事项，具体可参见各平台的具体说明，此处不赘述。

---

❶ 部分经营类目有准入限制，缴费前应确认是否有经营资质。

四、物流发货

（一）物流方式

跨境电商的主要物流方式有邮政小包、专线物流、国际快递及海外仓等。不同的物流方式在适应性、经济性、时效性等方面有所差异。在选择物流方式时，要考虑产品本身的特点及物流的经济性和时效性要求，如尺寸较大不适合国际快递运输的产品可选择海外仓方式发货。跨境电商的不同物流方式可参见本书第五章。

（二）海关通关

货物运离出口国关境需通过出口国海关的通关流程。出口跨境电商的通关主要有两种模式：一般模式和特殊区域模式。

一般模式是指符合条件的电子商务企业或平台与海关联网，境外个人跨境网购后，电子商务企业或平台将电子订单、支付凭证、电子运单传输给海关，电子商务企业或其代理人向海关提交申报清单，商品以邮件、快件方式运送出境。

特殊区域模式是指符合条件的电子商务企业或平台与海关联网，电子商务企业把整批商品按一般贸易商品报关，商品进入海关特殊监管区域，企业实现退税，境外个人网购后，海关凭清单核放，商品出区离境后，电子商务企业凭已放行清单归并形成的出口报关单办理结汇手续。

关于出口通关的详细内容可参见本书第五章第五节。

五、资金结算

对出口跨境电商卖家来说，发货后顺利收回货款才意味着交易的真正成功。与传统贸易的货款结算由企业直接通过银行办理不同，跨境电商卖家的货款结算主要通过平台的第三方支付机构完成。以采用第三方支付机构为货款结算方式为例，出口跨境电商的资金结算主要涉及平台放款、结汇和退税三个环节。

（一）平台放款

平台放款是指跨境电商平台将卖家已交易完成的订单款项转移到卖家在平台的虚拟账户里。下面以敦煌网和速卖通为例加以说明。

1. 敦煌网放款流程

卖家首先需要绑定银行账户（可以是人民币账户或外币账户），提供银行账号和开户行等信息。为了保障卖家资金安全，确保卖家的银行账户信息和注册时信息一致，保证卖家在虚拟账户的资金能够安全、成功地支付到银行账户，敦煌网会对卖家的银行账户进行认证，通过银行认证后，卖家即可以进行提款操作。

敦煌网的放款流程可分为请款、放款和提款三个步骤。

（1）请款：请款是指卖家申请平台放款，促成订单完成。买家下单后，卖家在规定的时间发货，发货后妥投或买家确认收货后，卖家可向平台申请请款。具体来说，卖家通过"货运单号"查到货物已经完全投递到买家地址后，可申请请款。在收到卖家请款申请后1个工作日内，敦煌网会进行审核，核实订单没有任何问题（国家、时间、邮编及签收人信息一致）后，敦煌网会发邮件通知买家进行确认。如买家在5天内没有发起任何投诉或纠纷，或买家点击完成订单，则可进入放款流程。

需要注意的是，如果货物没有妥投，请款会被拒绝，3日后才可再次请款。一个订单最多只有两次请款机会，所以一定要查询货物是否妥投后才请款。

（2）放款：请款成功后，敦煌网会将卖家已交易完成订单的款项转移到卖家资金账户（即卖家在平台的虚拟账户）里，即放款。敦煌网的放款规则是：若买家主动点击确认收货，敦煌网在核实订单信息匹配一致后即放款；若买家未主动确认收货，卖家申请请款后，敦煌网会先根据卖家上传的运单号核实妥投情况并相应处理。若核实货物已妥投且时间、邮编和签收人等信息一致，敦煌网会放款至卖家虚拟账户，订单完成；若货物妥投但时间、邮编和签收人信息任意一项存在不一致，或存在货物部分未妥投、全部未妥投，或无物流查询信息等情况，放款将可能被延迟或暂停。

需要注意的是，如果卖家账户纠纷率过高，卖家账户放款也将被延迟：纠纷率在25%~40%之间，放款延迟20天；纠纷率在40%~50%之间，放款延迟45天；纠纷率超过50%，放款延迟120天。此外，当卖家账户及交易表现异常时，如虚假交易、销售禁销品、账户或关联账户违规被平台调查等，放款也将被延迟。

（3）提款：提款是指卖家申请将资金账户中款项转到卖家的银行账户。提款会产生手续费。人民币提款，无论卖家提款多少，需承担提款金额1%的手续费（第三方银行收取，非敦煌网收取）。

敦煌网支持人民币提款和美元提款，也可以设置自动提款。如需进行美元提款，需绑定外币银行账户（敦煌网支持渣打银行外币账户）。

总之，为了确保交易安全，避免不必要的纠纷和退款，跨境电商出口企业一定要通过平台支持的货运方式发货，并在发货期内填写真实有效且正确的运单号。

2. 速卖通放款规则

为确保速卖通平台交易安全、保障买卖双方合法权益，速卖通及其关联公司在满足规定的条件时，根据平台规则决定相应放款时间及放款规则。

一般情况下，速卖通在交易完成、买家无理由退货保护期届满后向卖家放款，即买家确认收货或系统自动确认收货加15个自然日（或平台不时更新并公告生效的其他期限）后放款。

根据系统对卖家经营情况和信用进行的综合评估（例如，经营时长、好评率、拒付率、退款率等），速卖通可决定为部分订单进行交易结束前的提前垫资放款即"提前放款"。提前放款的具体金额可以为订单的全部或部分，由速卖通根据综合评估单方面决定。卖家可随时向平台申请退出提前放款。

如速卖通依据法律法规、双方约定或合理判断，认为卖家存在欺诈、侵权等行为，速卖通有权视具体情况延迟放款周期、并对订单款项进行处理，或冻结相关款项至依据消除后。

卖家在放款后，应自主按照可适用的法律法规对结汇、提现进行申报或操作，并依法纳税。卖家在进行提现时，银行会收取15美元/笔的手续费，手续费在提现时扣除。

（二）结汇

结汇即"外汇结算"，是指外汇收入所有者将其外汇收入出售给外汇指定银行，外汇指定银行按一定汇率付给等值的本币的行为。

关于跨境电商出口收款的结汇问题，参见本书第六章。

（三）出口退税

出口退税是指对出口货物退还在国内生产和流通环节缴纳的增值税和消费税，使得本国产品以不含税成本进入国际市场，与国外产品在同等条件下进行竞争，从而增强竞争力。

根据2014年1月1日起执行的《关于跨境电子商务零售出口税收政策的通知》，电子商务出口企业出口货物[财政部、国家税务总局明确不予出口退（免）税或免税的货物除外]同时符合下列条件的，适用增值税、消费税退（免）税政策：

（1）电子商务出口企业属于增值税一般纳税人且已经向所在地主管税务机关办理出口退（免）税的资格认定。

（2）出口产品货物取得海关出口货物的报关单（出口退税专用），并和海关出口货物的报关单的电子信息一致。

（3）出口的产品货物在退（免）税申报期限截止日内收汇。

（4）电商出口企业是为外贸企业的，则购进出口货物获取相应的增值税专用发票、消费税专用缴款书（分割单）、海关进口增值税或者消费税专用缴款书，且以上凭证的有关内容与出口货物报关单（出口退税专用）相关内容相匹配。

不符合上述条件的，但同时符合下列条件的，同样适用增值税、消费税免税政策：①电商出口企业已申请办理了税务登记；②出口货物取得海关所签发的出口货物的报关单；③购进出口货物产品取得合法有效的进货凭证。

根据2018年国家税务总局《关于出口退（免）税申报有关问题的公告》，出口企业或其他单位办理出口退（免）税备案手续时，应按规定向主管税务机关填报《出口退（免）税备案表》。出口企业和其他单位申报出口退（免）税时，不再进行退（免）税预申报。主管税务机关确认申报凭证的内容与对应的管理部门电子信息无误后方可受理出口退（免）税申报。

出口企业或其他单位在出口退（免）税申报期限截止之日前，申报出口退（免）税的出口报关单、代理出口货物证明、委托出口货物证明、增值税进货凭证仍没有电子信息或凭证的内容与电子信息比对不符的，应在出口退（免）税申报期限截止之日前，向主管税务机关报送《出口退（免）税凭证无相关电子信息申报表》。

出口企业申报退（免）税的出口货物，应按照《国家税务总局关于出口企业申报出口货物退（免）税提供收汇资料有关问题的公告》的规定在出口退（免）税申报截止之日前收汇，未按规定收汇的出口货物适用增值税免税政策。

第二节　进口跨境电商流程

如前所述，进口跨境电商是出口跨境电商的反向流程，是指从事商品进口的企业或个人消费者通过电子商务平台自境外购买商品的过程。从进口跨境电商经营者的角度，其流程也分为网上备案、前期准备、开店经营和货物交付等环节，其中，备案、准备和开店等环节与出口流程相似，而货物的进境交付则涉及进口通关、缴税等特定环节，因此本节重点介绍这两个环节的内容及与商品备案有关的内容。

一、商品备案

如本章第一节所述，跨境电子商务商品经营企业在商品首次上架销售前，应当向检验检疫机构提供商品备案信息。以进口产品为例，上线销售的产品除了应申报产品品名清单及对应的编码、规格型号以及产品标准外，还需要出具第三方检测机构提供的质量安全评估报告与符合性申明以及消费警示等内容，见表3-3。

表3-3　跨境电商商品备案信息

第1项	经营主体信息	
	企业备案号	
第2项	基本信息	
	HS编码： 产品名称： 生产国家/地区：	
第3项	其他属性信息	
	品牌： 规格型号： 供应商： 其他：	
第4项	资质证明信息	
	商品或生产企业取得的认证、注册、备案等资质： 商品取得的自由销售证明、第三方检验鉴定证书： 产品说明的中文对照资料： 消费警示： 其他可提供的证明材料：	
第5项	是否符合我国法律法规和标准要求的申明	

电商企业要首先登录跨境电商通关服务平台，录入商品信息，这些商品信息随后提交给电商企业合作的仓储企业进行确认，数据发送给检验检疫部门。检验检疫部门接收信息后反馈入库回执，在审核商品信息后反馈审核回执。

二、申报通关

（一）通关模式

根据《关于完善跨境电子商务零售进口监管有关工作的通知》（参见附录四），跨境电商零售进口，是指中国境内消费者通过跨境电商第三方平台经营者自境外购买商品，并通过"网购保税进口"（海关监管方式代码1210❶）或"直购进口"（海关监管方式代码9610❷）运递进境的消费行为。由此可见，我国跨境电商的进口通关模式分为两类：网购保税进口和直购进口。

网购保税进口（海关监管代码1210）❸是指符合条件的电子商务企业或平台与海关联网，电子商务企业或平台将整批商品运入海关特殊监管区域或保税物流中心内，并向海关报关，海关实施账册管理。境内个人网购区内商品后，电子商务企业或平台将电子订单、支付凭证、电子运单传输给海关，电子商务企业或其代理人向海关提交清单，海关通关后放行（图3-8）。

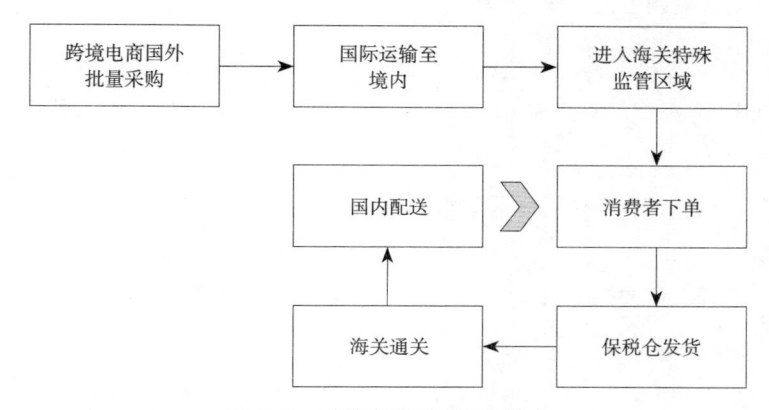

图 3-8 跨境电商保税进口模式

---

❶ 海关监管方式代码"1210"，全称"保税跨境贸易电子商务"，简称"保税电商"，适用于境内个人或电子商务企业在经海关认可的电子商务平台实现跨境交易，并通过海关特殊监管区域或保税监管场所进出的电子商务零售进出境商品［海关特殊监管区域、保税监管场所与境内外（场所外）之间通过电子商务平台交易的零售进出口商品不适用该监管方式］。"1210"监管方式用于进口时仅限经批准开展跨境贸易电子商务进口试点的海关特殊监管区域和保税物流中心(B型)。

❷ 海关监管方式代码"9610"，全称"跨境贸易电子商务"，简称"电子商务"，适用于境内个人或电子商务企业通过电子商务交易平台实现交易，并采用"清单核放、汇总申报"模式办理通关手续的电子商务零售进出口商品(通过海关特殊监管区域或保税监管场所一线的电子商务零售进出口商品除外)。

❸ 自2019年1月1日起适用"网购保税进口"（监管方式代码1210）进口政策的城市：天津、上海、重庆、大连、杭州、宁波、青岛、广州、深圳、成都、苏州、合肥、福州、郑州、平潭、北京、呼和浩特、沈阳、长春、哈尔滨、南京、南昌、武汉、长沙、南宁、海口、贵阳、昆明、西安、兰州、厦门、唐山、无锡、威海、珠海、东莞、义乌37个城市(地区)。

直购进口（海关监管代码9610），也称直邮进口模式，是指符合条件的电子商务企业或平台与海关联网，境内个人跨境网购后，电子商务企业或平台将电子订单、支付凭证、电子运单传输给海关，商品以邮件、快件方式运送，通过海关邮件、快件监管场所入境，海关通关后放行（图3-9）。

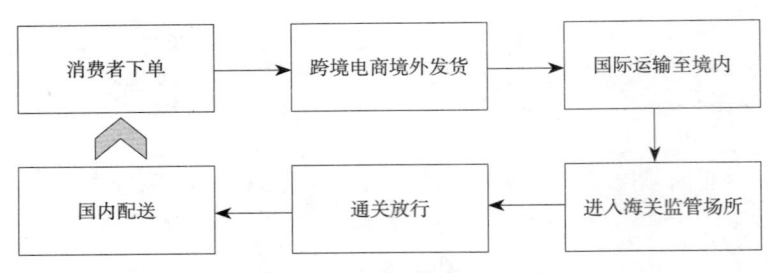

图 3-9　跨境电商直购进口模式

（二）通关管理

根据2019年1月1日起施行的海关总署《关于跨境电子商务零售进出口商品有关监管事宜的公告》（参见附录五），海关对跨境电子商务直购进口商品及适用"网购保税进口"（监管方式代码1210）政策的商品，按照个人自用进境物品监管，不执行有关商品首次进口许可批件、注册或备案要求。

适用"网购保税进口A"（监管方式代码1239❶）进口政策的商品，按《跨境电子商务零售进口商品清单（2018版）》（参见附录六）尾注中的监管要求执行❷。

跨境电子商务零售进口商品申报前，跨境电子商务平台企业或跨境电子商务企业境内代理人、支付企业、物流企业应当分别通过国际贸易"单一窗口"或跨境电子商务通关服务平台向海关传输交易、支付、物流等电子信息，并对数据真实性承担相应责任。

直购进口模式下，邮政企业、进出境快件运营人可以接受跨境电子商务平台企业或跨境电子商务企业境内代理人、支付企业的委托，在承诺承担相应法律责任的前提下，向海关传输交易、支付等电子信息。

跨境电子商务零售商品进口时，跨境电子商务企业境内代理人或其委托的报关企业应提交《中华人民共和国海关跨境电子商务零售进出口商品申报清单》（以下简称《申报清单》），采取"清单核放"方式办理报关手续。《申报清单》与《中华人民共和国海关进（出）口货物报关单》具有同等法律效力。

开展跨境电子商务零售进口业务的跨境电子商务平台企业、跨境电子商务企业境内代理人

---

❶ 海关监管方式代码"1239"，全称"保税跨境贸易电子商务A"，简称"保税电商A"。适用于境内电子商务企业通过海关特殊监管区域或保税物流中心（B型）一线进境的跨境电子商务零售进口商品。天津、上海、杭州、宁波、福州、平潭、郑州、广州、深圳、重庆10个城市开展跨境电子商务零售进口业务暂不适用"1239"监管方式。

❷ 要求如下：①跨境电子商务零售进口商品清单中商品免于向海关提交许可证件；直购商品按照个人物品监管要求执行，网购保税商品"一线"进区时需按货物监管要求执行，"二线"出区时参照个人物品监管要求执行。②依法需要执行首次进口许可批件、注册或备案要求的化妆品、婴幼儿配方奶粉、药品、医疗器械、特殊食品（包括保健食品、特殊医学用途配方食品）等，按照国家相关法律法规的规定执行。

应对交易真实性和消费者（订购人）身份信息真实性进行审核，并承担相应责任；身份信息未经国家主管部门或其授权的机构认证的，订购人与支付人应当为同一人。

（三）通关流程

当境内消费者成功支付订单后，跨境电商企业将订单信息发送至通关服务平台进行申报；支付企业将订单支付信息发送至服务平台进行申报；跨境物流企业在成功预订舱单信息后，将对应的跨境贸易相关的舱单信息（含运单信息）发送至服务平台进行申报。服务平台在集齐三单信息后，自动生成清单供有报关报检资质的企业进行申报。清单经海关、检验检疫审核后，若无异常，则放行进入终端配送环节。

三、税款缴纳

（一）跨境零售进口税收政策

2016年3月，财政部、海关总署和国家税务总局发布《关于跨境电子商务零售进口税收政策的通知》，正式公布我国自2016年4月8日起实施跨境电子商务零售进口税收新政策并调整行邮税政策，称为"四八新政"。根据新政，《跨境电子商务零售进口商品清单》范围内的所有通过与海关联网的电子商务交易平台交易，能够实现交易、支付、物流电子信息"三单"比对的跨境电子商务零售进口商品；以及未通过与海关联网的电子商务交易平台交易，但快递、邮政企业能够统一提供交易、支付、物流等电子信息，并承诺承担相应法律责任进境的跨境电子商务零售进口商品，将不再按邮递物品征收行邮税，而是按货物征收关税和进口环节增值税、消费税。

2016年4月，财政部、海关总署与国家税务总局等11个部门联合发布了《跨境电子商务零售进口商品清单》第一批和第二批，即所谓跨境电商的"正面清单"，要求2016年4月8日以后启运的跨境电子商务进口商品，需满足清单及清单备注要求，不在清单内的商品，不得以跨境电子商务方式进口。2018年11月，财政部等13个部门发布《关于调整跨境电商零售进口商品清单的公告》，公布了2018年新版清单（参见附录六），2019年1月1日起实施，前两批清单同时废止。

2018年11月，财政部、海关总署、税务总局发布《关于完善跨境电子商务零售进口税收政策的通知》（下称《通知》），调整跨境电子商务零售进口商品的单次和年度交易限值及税收政策，2019年1月1日起执行。根据《通知》要求，2019年1月1日起，跨境电子商务零售进口商品的单次交易限值由人民币2000元提高至5000元，年度交易限值由人民币20000元提高至26000元。完税价格超过5000元单次交易限值但低于26000元年度交易限值，且订单下仅一件商品时，可以自跨境电商零售渠道进口，按照货物税率全额征收关税和进口环节增值税、消费税，交易额计入年度交易总额，但年度交易总额超过年度交易限值的，按一般贸易管理。

（二）税款缴纳

2019年1月1日起施行的《关于跨境电子商务零售进出口商品有关监管事宜的公告》（参见附录五）进一步明确，对跨境电子商务零售进口商品，海关按照国家关于跨境电子商务零售进口税收政策征收关税和进口环节增值税、消费税，完税价格为实际交易价格，包括商品零售价格、运费和保险费。

跨境电子商务零售进口商品消费者（订购人）为纳税义务人。在海关注册登记的跨境电子商务平台企业、物流企业或申报企业作为税款的代收代缴义务人，代为履行纳税义务，并承担相应的补税义务及相关法律责任。代收代缴义务人应当如实、准确向海关申报跨境电子商务零售进口商品的商品名称、规格型号、税则号列、实际交易价格及相关费用等税收征管要素。

跨境电子商务零售进口商品的申报币制为人民币。

海关放行后30日内未发生退货或修撤单的，代收代缴义务人在放行后第31日至第45日内向海关办理纳税手续。

思考题

1. 选择一个服装类目，如运动装、女装等，考察3个出口电商平台，通过比较选择一个你认为最适合的平台并说明原因。
2. 利用谷歌趋势分析牛仔裤的市场需求情况。
3. 阐述不同的进出口通关模式。

专业实践

主要跨境电商平台规则

课程内容： 分别介绍B2B跨境电商平台敦煌网和B2C跨境电商平台全球速卖通的平台规则，包括准入规则、经营规则、禁限售规则和知识产权规则等。

课程学时： 6学时

课程要求： 要求学生掌握敦煌网和速卖通两大电商平台的平台准入和平台运营等相关规则，尤其是与服装产品经营相关的具体要求。

第四章 主要跨境电商平台规则

跨境电商平台是实现跨境交易的虚拟场所,即线上交易市场。如同任何线下商品交易场所均有其市场运营规则一样,跨境电商平台也有其交易规则。由于大部分企业是通过第三方平台实现跨境出口,且自营型跨境电商平台不涉及招商规则,本章主要介绍第三方平台型跨境电商的平台规则,分别以跨境B2B出口平台敦煌网和跨境B2C出口平台速卖通为例。

第一节 敦煌网平台规则

作为国内领先的已经具有15年发展经验的B2B跨境电商平台,敦煌网的平台规则比较完善。本节主要介绍敦煌网的卖家准入规则、店铺经营品类规则、产品发布规则、禁限售产品规则、知识产权管理规则、品牌产品销售规则、类目准入规则及商户评级规则等。

一、敦煌网卖家准入规则

个人、中国内地企业、香港企业和海外企业均可注册成为敦煌网卖家。使用同一身份信息注册的个人卖家账户数量仅限1个,使用同一营业执照注册的企业卖家账户数量可达10个。

注册人的年龄须在18周岁到70周岁之间。个人和企业卖家均需使用真实有效证件进行认证,经敦煌网核验后完成注册。个人卖家需填写注册人本人姓名以及身份证号码。注册人即账户的持有人和完全责任人。企业卖家需填写注册人姓名、注册人身份证号码、公司名称、公司注册号。注册人需为该注册公司的法人,或者由该公司授权的全权代表。该注册公司为敦煌网卖家账户的持有人和完全责任人。

如果卖家账户因严重违规被关闭,不得重新注册账户;卖家账户因违规被限期冻结时,冻结期间也不得重新注册账户。同时需要注意,注册用户名后,超过120天未完成手机验证和邮箱验证的账号,将视为无效账户。无效账户不可登录。关于账户管理的说明,见表4-1。

表4-1 敦煌网账户管理

无效账户	自注册之日起120天内未通过手机和邮箱验证,视为无效账户。无效账户不可登录
未认证账户	注册成功,但未完成敦煌网实名认证和开店测试的账户,均视为未认证账户。未认证账户无法正常交易
正常账户	注册成功,并通过敦煌网实名认证以及开店测试的账户,即为正常账户。正常账户可进行产品上传、交易和提款等操作

续表

休眠账户	正常账户如超过一年未登录，即为休眠账户。再次登录时需重新进行实名认证，认证通过后方可正常经营
期限冻结账户	在一定期限内，经营权限被冻结的账户
关闭账户	永久取消平台经营资格的账户。关闭账户后不予重新开通，账户持有人不可在平台注册新账户，订单款项自账户取消经营资格之日起180天后可申请提款
终止账户	永久取消平台经营资格的账户，同时，卖家账户的任何资金均不可提取。终止账户后不予重新开通，账户持有人不可在平台注册新账户

资料来源：http://seller.dhgate.com/policynew/c_5000001.html。

二、敦煌网店铺经营品类规则

敦煌网划分了A～N共14个经营范围，每个经营范围下设不同经营品类。表4-2列出了服装服饰相关产品的品类划分。每个卖家账号只可选取一个经营范围，并仅限经营绑定品类下的产品。经营范围一经绑定，不得修改。卖家可申请跨品类经营，但需满足以下所有资质要求：①企业资质的商户；②注册资金50万以上；③近三个月商户评级连续评为优秀商户或顶级商户；④拥有跨品类相应一级类目自有注册品牌或品牌授权经营许可。

表4-2　敦煌网经营范围及品类划分（服装服饰相关）

经营范围	品类
B	服装
C	表
C	珠宝
C	时尚配件
D	鞋类及鞋类辅料
D	箱包及箱包辅料
E	婚纱礼服
G	母婴用品
H	运动与户外产品

资料来源：http://seller.dhgate.com/policynew/c_5000002.html。

三、敦煌网产品发布规则

敦煌网的产品发布基本规则涉及产品基本信息、产品销售信息、产品描述和产品视频发布等，详见表4-3。产品名称、简短描述、详细描述及图片等各类信息应保持一致。此外，卖家出售产品均需设置合理的退换货/退款服务承诺。卖家承诺的售后服务承诺须高于平台规定的售后服务标准。

表4-3　敦煌网产品发布规则

	产品基本信息发布规则
产品标题	产品标题应充分展示产品名称、型号、品牌，不得带有任何与商品真实信息无关的文字或符号，不得带有中文字符
产品类目	选择与所售产品相匹配的类目上传产品。相同的产品仅限上传一次，避免重复上传
产品属性	准确设置产品品牌属性、基本属性、自定义属性、销售属性等信息
	产品销售信息规则
产品价格	合理设定产品价格及购买数量区间，并合理地设置运费。所有信息须真实准确且符合一般商业规范和行业规范
产品备货	根据产品实际情况如实填写产品备货信息，包括备货期、备货状态、备货数量、备货所属地等信息
产品包装	准确填写所售产品的包装信息，包含产品计量单位、包装后重量、包装后尺寸
	产品描述规则
产品图片	产品图片格式应为JPEG，文件大小2M以内，确保使用产品原图（即无任何修改痕迹、无水印、无修饰边框和文字），切勿盗用他人图片。产品的实物图片需包含整体图片、细节图及使用过程图等
简短描述	简明扼要地描述产品的基本信息
详细描述	详尽地描述产品功能属性、细节特点、使用说明、支付方式、物流方式、售后服务等内容
	产品视频发布规则
视频信息	视频作为产品展示的一部分，应和其他描述一样遵守平台基本发布规则，上传的视频需满足以下条件后，方可通过审核（包含但不限于以下）： ● 视频中的产品禁止包含任何侵犯知识产权的行为 ● 视频中的产品信息须完整展示、商标部位不得存在遮挡或涂抹 ● 视频中禁止包含暗示该产品为品牌产品的行为 ● 视频中禁止出现卖家的私人联系方式，如电话、邮箱等 ● 视频中禁止出现其他任何违反平台规则的行为

资料来源：http://seller.dhgate.com/policynew/c_5000002.html。

敦煌网对每个账户设置了单日可新增产品量不超过300个的单日上传产品规则，且不同类型卖家的店铺产品数量限制也有所不同，普通卖家店铺产品最多可达3000个（表4-4）。如由于卖家类型的变化导致店铺产品数量限额减少，卖家需在每月15日前自行下架超额产品，逾期未下架产品系统将自动下架（保留最近540天有出单的商品；未在最近540天出单的商品按照上架时间顺序进行下架，上架时间早的商品先行下架）。卖家需通过平台SYI页面、DHgate一键达工具或DHgate提供的API接口上传产品，避免使用第三方搬家工具，以免出现匹配错误的情况。

表4-4　敦煌网店铺产品数量限制

卖家类型	产品数量上限（个）	卖家类型	产品数量上限（个）
王牌卖家	10000	增值服务——铜骆驼	5000
普通卖家	3000	增值服务——银骆驼	7000
低于标准商户	50	增至服务——金骆驼	10000

资料来源：http://seller.dhgate.com/policynew/c_5000002.html。

同时，为了确保敦煌网平台产品信息的精准度，提高产品曝光率，从而提升买家体验及购买转化率，敦煌网还制定了《产品信息发布规范》❶。该规范对产品标题、图片、描述的发布进行了详细说明，并包含了信息发布的限制规则。例如，关于产品标题，最多可填写140个字符，前10个单词中须包含产品名称；除产品名称外，产品标题中还需根据相关产品类型进行具体描述，包含但不限于品牌名、型号、款式、产品类目、热搜词、功能属性、促销词、适用范围等构成要素；产品标题中填写的关键词须与上传的类目相符，禁止使用与产品本身无关的搜索关键词（如包邮、特供等词语）；产品标题中不能包含产品价格、数量，珠宝、健康美容类目产品除外。

四、敦煌网禁限售产品规则

敦煌网卖家禁止销售国家法律法规禁止销售及买家所在国法律规定禁止销售，或根据敦煌网平台要求禁止销售的商品。限制销售的产品，指需要取得商品销售的前置审批、凭证经营，或授权经营等许可证明，才可以发布的产品。卖家须将已取得的合法许可证明提前提交至敦煌网进行审核，审核通过后，方可发布。服装类很少涉及。

如果卖家发生禁限售违规行为，首次违规给予警告，并处50美元/产品罚金；之后每次违规计6张黄牌，并处50美元/产品罚金。敦煌网针对黄牌的处罚措施是：3张黄牌，给予卖家押款30%，周期30天，最高金额5000美元的处罚；累计6张黄牌，押款30%，周期30天，最高金额10000美元；累计12张黄牌，店铺冻结7天；累计18张黄牌，店铺降权30天；累计24张黄牌，关闭店铺销售权限，强制整改180天；累计30张黄牌，关闭账户，即永久冻结账户、停止访问，资金冻结180天。如发生禁限售严重违规行为❷，敦煌网有权直接进行关闭账户的处罚。

五、知识产权管理规则

知识产权是指权利人对其智力劳动成果享有的权利，主要包含专利权、商标权和著作权等。专利权是指发明创造人或其权利受让人对特定的发明创造在一定期限内依法享有的独占权。专利权包括发明专利权、实用新型专利权和外观设计专利权。发明专利权是指对产品、方法或者其改进所提出的新的技术方案。我国发明专利权的保护期限为20年。实用新型专利权是指对产品的形状、构造或者其结合所提出的适于实用的新的技术方案。我国实用新型专利的保护期限为10年。外观设计专利权是指对产品的形状、图案或者其结合以及色彩与形状、图案相结合所作出的富有美感并适于工业上应用的新设计。我国外观设计专利权的保护期限为10年。

商标是用以区别商品和服务不同来源的商业性标志，由文字、图形、字母、数字、三维标

---

❶ 敦煌网：http://seller.dhgate.com。
❷ 禁限售严重违规行为包括但不限于：① 违反禁限售产品规则，发布的产品类型属于严禁销售产品；② 被卡组织、政府监管机构等第三方机构投诉发布相关禁限售产品。

志、颜色组合或者上述要素的组合构成。商标权是商标专用权的简称，是指商标主管机关依法授予商标所有人对其注册商标受国家法律保护的专有权。商标注册人依法支配其注册商标并禁止他人侵害的权利，包括商标注册人对其注册商标的排他使用权、收益权、处分权、续展权和禁止他人侵害的权利。

著作权是指作者和其他著作权人对文学、艺术和科学工程作品所享有的各项专有权利。它是自然人、法人或者其他组织对文学、艺术或科学作品依法享有的财产权利（出版、复制等）和人身权利（署名等）的总称。

敦煌网尊重和保护知识产权，在敦煌网平台发布销售品牌产品信息，需先提供销售相关品牌合法权利证明。卖家有责任确保上传的产品不存在侵犯任何第三方的合法权益。敦煌网在其规则文件中对侵犯知识产权的违规行为做了明确描述，见表4-5。

表4-5 侵犯知识产权的违规行为

侵犯专利权	侵犯商标权	侵犯著作权
侵犯专利权即假冒他人专利，其行为分为以非专利产品冒充专利产品、以非专利方法冒充专利方法两种。包括但不限于以下情况： • 在其制造或者销售的产品、产品的包装上标注他人的专利号 • 在广告或者其他宣称材料中使用他人的专利号，使人将所设计的技术误认为是他人的专利技术 • 在合同中使用他人的专利号，使人将合同设计的技术误认为是他人的专利技术 • 伪造或者变造他人的专利证书、专利文件或者专利申请文件	侵犯知识产权权利人商标权的行为，包括但不限于以下情况： • 未经注册商标所有人的许可，在同种商品或者类似商品上使用与其注册商标相近或者近似的商标的 • 销售明知是假冒注册商标的商品的 • 伪造、擅自制造他人注册商标标识或者销售伪造、擅自制造的注册商标标识的 • 故意为侵犯注册商标专用权的行为提供便利条件的 • 给他人注册商标专用权造成其他损害的	侵犯知识产权权利人著作权的行为，包括但不限于以下情况： • 未经著作权人许可，发表其作品的 • 剽窃他人作品的 • 使用他人作品，应当支付报酬而未支付的 • 未经电影作品和以类似摄制电影的方法创作的作品、计算机软件、录音录像制品的著作权人或者与著作权有关的权利人许可，出租其作品或者录音录像制品的 • 未经出版者许可，使用其出版的图书、期刊的版式设计

资料来源：http://seller.dhgate.com/policynew/c_5003000.html。

如果卖家发生侵犯知识产权的违规行为，首次违规给予警告，之后每次违规计3张黄牌。黄牌处罚措施同禁限售违规处罚法。卖家发生如下情形，视为知识产权严重违规：①卖家账户频繁上传侵权产品；②采取刻意规避平台规则或监管措施的方式销售侵权产品，如以错放类目、使用变形词、遮盖或涂抹商标等手段规避；③以各种形式暗示产品为品牌产品；④信用卡组织、政府监管机构、法院、其他国际权益组织等第三方机构提起诉讼或法律要求；⑤因应司法、执法或行政机关要求敦煌网对卖家账户进行处理或采取其他相关措施。针对多次发生侵权违规行为或违规情节严重的卖家，敦煌网有权直接进行关闭账户的处罚。如果卖家因发布侵权产品被品牌商投诉，第1次给予警告，第2次给予严重警告，第3次限制类目经营7天，第4次则给予关闭账户处罚；如果卖家因发布侵权产品被卡组织投诉，第1次即给予无固定期限冻结账户处罚，第2次则关闭账户。❶

---

❶ 敦煌网：http://seller.dhgate.com/policynew/c_5003000.html。

六、品牌产品销售规则

为避免侵权问题的发生，敦煌网对品牌产品销售设置了资质要求。敦煌网品牌产品销售分为自主品牌和授权品牌两种类型。自主品牌（Self-owned Brand）是指由企业自主开发，拥有自主知识产权的品牌。授权品牌（Licensed Brand）又称品牌许可，是指授权者将自己拥有或代理的商标或品牌等，以合同的形式授予被授权者使用；被授权者按合同规定从事经营活动（通常是生产、销售某种产品或者提供某种服务），并向授权者支付相应的费用（即权利金）；同时授权者给予被授权者人员培训、组织设计、经营管理等方面的指导与协助[1]。

敦煌网规定，卖家须根据自身情况，提交相关品牌销售资质证明文件。若为自主品牌类型，卖家实名认证身份须与商标所有人相符；卖家须提供品牌注册证书（商标、专利、版权注册证书等，不接受申请受理中的知识产权文件）及品牌产品销售承诺书（保证提供的所有审核书面材料及所述信息均为充分、真实、准确、完整、合法有效的内容，有关签字和印章均真实有效）。若为授权品牌类型，卖家实名认证身份须与授权书上被授权方保持一致（若不一致需提供被授权方身份证明，以及敦煌网账号或其实名认证企业与被授权方的关系证明）；提供知识产权证书和品牌销售资质（包括含供货单位公章的近三个月进货单据；含授权人、被授权人、授权范围、授权有效期、授权日期、具体授权品牌和产品明细以及其他相关信息的授权证书或合同）；提供品牌产品销售承诺书并缴纳两万元的品牌授权抵押金（如卖家店铺违反品牌销售规则，敦煌网将根据违规程度进行抵押金扣款）[1]。

七、类目准入规则

对于一些特殊类目，敦煌网设置了具体的准入规则。服装服饰相关类目中，纳入类目准入管理的有婚纱礼服类、珠宝类、鞋类及鞋类辅料类、户外与运动类。其中，婚纱礼服类包含6个准入类目：婚纱、伴娘服、正式妈妈装、女裙/礼服、婚纱精品馆和名人礼服[1]；珠宝类的准入类目是精品珠宝[1]；鞋类的准入类目包括跑鞋、篮球鞋、英式足球鞋、滑板鞋、美式足球鞋/橄榄球鞋、棒球鞋/垒球鞋、登山鞋、网球鞋、高尔夫鞋、拳击鞋、自行车鞋、散步鞋、训练鞋、健身运动鞋[1]。户外与运动类涉及的鞋服相关类目是棒球服、篮球服、冰球服、美式足球服、英式足球服、英式橄榄球服、骑行服和专业运动鞋[1]。各准入类目的具体规则可参见敦煌网官网的经营类目管理规则。

八、商户评级规则

敦煌网会对平台所有卖家根据其近90天的服务能力进行不同维度的综合评估。考核的指标

---

[1] 敦煌网：http://seller.dhgate.com/policynew/c_5001000.html。

包含基本指标和服务能力指标，根据卖家不同的服务水平划分为顶级商户、优秀商户、标准商户和低于标准商户（表4-6），不同等级的卖家享受不同的平台资源。

表4-6　商户评级标准

顶级商户	优秀商户	标准商户	低于标准商户
满足以下任一指标： ● 90天内订单数≥90笔 ● 90天内订单数≥20笔且90天内交易额≥50000美元	90天内订单数≥20笔	满足以下所有指标： ● 90天内订单数>0 ● 90天内卖家责任纠纷率≤2.5% ● 买家不良体验订单率≤20%	满足以下任一指标： ● 近90天卖家责任纠纷率>2.5% ● 买家不良体验订单率>20%
通过实名认证	通过实名认证		
注册时间≥90天	注册时间≥90天		
近90天卖家责任纠纷率[1]≤1%	近90天卖家责任纠纷率≤1.5%		
买家不良体验订单率[2]≤3%	买家不良体验订单率≤6%		

注　1. 卖家责任纠纷率为近90天平台裁决且最终判定为卖家责任的所有纠纷订单数与卖家账户确认订单数之比。新卖家前三单不计入纠纷率。
　　2. 不良购买体验订单率为近90天内买家不良购买体验订单数/近90天内所有确认订单。同一个订单出现多个行为，只算一次。不良购买体验包括成交不卖（买家付款后，卖家逾期未发货或由于卖家原因导致付款订单未发货的行为）；虚假运单号（卖家填写的货运单号无货运信息、物流上网信息延迟，或有货运信息但长时间无妥投，对买家或平台造成误导的行为）；纠纷升级至平台（买卖双方未在协议纠纷阶段达成一致，最终升级至平台裁决的行为）；协议纠纷5天内卖家不回复；服务评价——货物与描述相符程度3分以下；服务评价——沟通质量和回应速度3分以下；服务评价——物流送达时间1分。
资料来源：http://seller.dhgate.com/policynew/c_5001003.html。

平台每月底对商户进行一次等级评定，并根据等级评定结果，对顶级商户和优秀商户进行奖励（享受包括独立标识展示、产品搜索排名等多项特权，顶级商户享有的奖励力度最大、标识更突出、产品搜索排名幅度更大，享有在站内和站外推广的优先权），对低于标准商户进行惩罚（商户首次被评为低于标准商户，其订单将被延迟放款120天，且不可购买广告；第3次被评为低于标准商户，其产品的搜索排名将靠后；近12个月累计6次评为低于标准商户时，敦煌网将关闭其账户）。

第二节　速卖通平台规则

作为目前国内最大的跨境电商B2C出口平台，速卖通的规则十分完善，各类规则说明可在阿里巴巴全球速卖通在线交易平台[1]直接查询。本节将对速卖通平台的开店规则、入驻资质要

---

[1] 敦煌网外贸平台：https://www.sell.aliexpress.com。

求、商标准入及经营规则、卖家基本义务、商品发布基本规则、服装行业标准、知识产权规则和禁限售规则等进行详细介绍。

一、速卖通开店规则

为提升平台质量,速卖通从2016年开始不接受个人卖家开店,并开始收取技术服务费。个体工商户或企业可在速卖通开店,须通过企业支付宝账号或企业法人支付宝账号在速卖通完成企业身份认证。无论是企业主体还是个体工商户主体,同一注册主体下最多可开6家店铺。

通过认证的卖家需选择销售计划类型。速卖通有两种销售计划类型:基础销售计划和标准销售计划。1个店铺只能选择一种销售计划类型,企业卖家可任选其一,个体工商户商家在入驻初期时仅可选择基础销售计划,当"基础销售计划"不能满足经营需求时,满足一定条件可申请转换"标准销售计划"。基础销售计划和标准销售计划的区别主要体现见表4-7中年费返还、销售计划转换及店铺功能三个方面。

表4-7 速卖通基础销售计划与标准销售计划比较

比较类目	基础销售计划	标准销售计划
年费返还	中途退出:全额返还 经营到年底:全额返还	中途退出:按自然月,返还未使用年费 经营到年底:返还未使用年费,使用的年费根据年底销售额完成情况进行奖励
计划转换	当"基础销售计划"不能满足经营需求时,满足以下条件可申请"标准销售计划"(无须更换注册主体): • 最近30天GMV≥2000美元; • 当月服务等级为非不及格(不考核+及格及以上)	一个自然年内不可切换至"基础销售计划"
店铺功能	• 可发布在线商品数小于等于300个(2019年可提额至500个) • 部分类目暂不开放基础销售计划 • 每月享受3000美元的经营额度(即买家成功支付金额),当月支付金额≥3000美元时,无搜索曝光机会,但店铺内商品展示不受影响;下个自然月初,搜索曝光恢复	可发布在线商品数小于等于3000个

资料来源:https://sell.aliexpress.com/zh/__pc/rule_detail.htm#industry。

速卖通的技术服务费按年收取,且各经营大类技术服务年费有所不同。服装服饰相关类目的技术服务费参见表4-8。每个速卖通账号只能选取一个经营范围经营,但在该经营范围下可经营一个或多个经营大类。年费按照经营大类收取,入驻不同经营大类需分别缴纳年费;同一经营大类下,年费只缴纳一份。每个经营大类分设几个主营类目,每次可申请一个主营类目,若要经营一个经营大类下的多个主营类目,可分多次申请。特殊类目(Special Category)不单独开放招商,而采取随附准入制度,即只要卖家获准加入任一经营大类,即可获得特殊类目的商品经营权限。经营到自然年年底，拥有良好服务质量及不断壮大经营规模的优质店铺都有机会获得年费返还奖励。

表4-8 速卖通2018年度服装服饰相关类目技术服务费年费一览表

经营大类	技术服务费年费（元）	主营类目	共享说明	返50%年费 对应年销售额（美元）	返100%年费 对应年销售额（美元）
服装服饰	10000	Apparel Accessories 服饰配件 Women's Clothing 女装/女士精品 Men's Clothing 男装 Novelty & Special Use 新奇特特殊服装 Costumes & Accessories 扮演服饰及配件 World Apparel 世界民族服装 Tailor-made Suits 定制西装 Prescription Glasses 配镜	同时开通： • 珠宝饰品及配件、手表2个经营大类下所有类目商品发布权限 • 箱包下部分类目商品发布权限 • 申请男装和女装主营类目，同时开通：孕婴童下儿童服装（2岁以上）下亲子装类目、男女鞋类目权限	15000	45000
箱包鞋类	10000	Luggage & Bags 箱包皮具/热销女包/男包 Shoes 男女鞋	• 申请箱包皮具/热销女包/男包，同时开通"服饰配件"部分类目商品发布权限 • 申请男女鞋，同时开通童鞋、婴儿鞋、男装、女装类目经营权限	12000	35000
精品珠宝	10000	Fine Jewelry 精品珠宝	—	不考核	不考核
珠宝饰品及配件	10000	Fashion Jewelry 珠宝饰品及配件	同时开通： • 服装服饰（除定制西装和配镜）、手表2个经营大类下所有类目商品发布权限 • 婚庆配饰这个类目商品发布权限	10000	30000
手表	10000	Watch 手表	同时开通服装服饰（除定制西装和配镜）、珠宝饰品及配件2个经营大类下所有类目商品发布权限	18000	55000

续表

经营大类	技术服务费年费（元）	主营类目	共享说明	返50%年费	返100%年费
				对应年销售额（美元）	
婚纱礼服	10000	Special Occasion Dresses 特殊场合服装（仅平台定向邀约） Wedding Dresses 婚纱（仅平台定向邀约） Wedding Accessories 婚庆配饰 Wedding Party Dress 婚宴礼服	申请婚庆配饰，同时开通流行饰品的经营权限	25000	50000
母婴&玩具	10000	Mother & Kids 孕婴童	申请孕婴童同时开通男女鞋类目权限	15000	30000
运动鞋服包/户外配附	10000	运动鞋服包/户外配附	同时开通骑行/渔具、乐器2个经营大类下所有类目商品发布权限	12000	35000

注　表中所列服装服饰相关类目中除"定制西装"和"配镜"外均开放基础销售计划。

资料来源：https://sell.aliexpress.com/zh/__pc/Technicalfee2018.htm?spm=5261.8252291.0.0.34697447D9N0mO。

二、速卖通入驻资质要求

针对不同的经营类目，速卖通有不同的招商要求。对服装服饰经营大类来说，所有商家需完成企业支付宝认证，并需在系统中上传10款即将售卖的产品供速卖通平台审核。商家必须拥有或代理一个商标，并根据商标资质，选择不同店铺经营类型。除此之外，卖家若要经营男士羽绒服/羽绒背心、男士真皮皮衣、女士羽绒服/羽绒背心、女士真皮草及女士真皮皮衣，需在商标资质申请时，额外提供第三方权威机构出具的检测报告。检测报告需带CNAS和CMA标志；检测报告最近1年内有效，内容须包含品牌名称（需与所申请的品牌一致）、产品名称和各类产品对应的必检项目。其中，羽绒服装要求GB18401全套（包括耐水色牢度、耐汗渍色牢度、耐干摩擦色牢度、甲醛、pH、异味、可分解芳香胺染料），成分含量、标识标志、外观质量、含绒量、充绒量、种类鉴定；真皮/皮草类服饰要求甲醛含量、可分解芳香胺染料、标识标志、外观质量、材质鉴定等内容。

卖家若拥有或代理品牌，可根据品牌资质，选择经营品牌官方店、专卖店或专营店，具体店铺类型及要求见表4-9。速卖通自2017年开始实行商标化，但有部分类目除外，具体以商品发布页展示为准。

表4-9 速卖通店铺类型及相关要求

店铺类型	官方店	专卖店	专营店
店铺类型介绍	商家以自有品牌或由权利人独占性授权（仅商标为R标❶且非中文商标）入驻速卖通开设的店铺。	商家以自有品牌（商标为R或TM❷状态且非中文商标），或者持他人品牌授权文件在速卖通开设的店铺。	经营1个及以上他人或自有品牌（商标为R或TM状态）商品的店铺。
开店企业资质	需要完成企业认证，卖家需提供如下资料： • 企业营业执照副本复印件 • 企业税务登记证复印件（国税、地税均可） • 组织机构代码证复印件 • 银行开户许可证复印件 • 法定代表人身份证正反面复印件	同官方店	同官方店
单店铺可申请品牌数量	仅1个	仅1个	可多个
平台允许店铺数	同一品牌（商标）仅1个	同一品牌（商标）可多个	同一品牌（商标）可多个
需提供的材料	• 商标权人直接开设官方店，需提供国家商标总局颁发的商标注册证（仅R标） • 由权利人授权开设官方店，需提供国家商标总局颁发的商标注册证（仅R标）与商标权人出具的独占授权书（如果商标权人为境内自然人，则需同时提供其亲笔签名的身份证复印件。如果商标权人为境外自然人，提供其亲笔签名的护照/驾驶证复印件也可以） • 经营多个自有牌商品且品牌归属同一个实际控制人，需提供多个品牌国家商标总局颁发的商标注册证（仅R标） • 卖场型官方店，需提供国家商标总局颁发的35类商标注册证（仅R标）与商标权人出具的独占授权书（仅限速卖通邀请）	• 商标权人直接开设的品牌店，需提供由国家商标总局颁发的商标注册证（R标）或商标注册申请受理通知书（TM标） • 持他人品牌开设的品牌店，需提供商标权人出具的品牌授权书（若商标权人为自然人，则需同时提供其亲笔签名的身份证复印件；如果商标权人为境外自然人，提供其亲笔签名的护照/驾驶证复印件也可以）	需提供由国家商标总局颁发的商标注册证（R标）或商标注册申请受理通知书复印件（TM标）或以商标持有人为源头的完整授权或合法进货凭证（各类目对授权的级数要求，具体见品牌招商准入资料提交为准）

资料来源：https://sell.aliexpress.com/__pc/assessment.htm?spm=5261.8113035.104.1.53a1cc982rzD2j。

三、速卖通商标准入及经营规则

根据《全球速卖通平台规则（卖家规则）》，为保证消费者权益，速卖通卖家申请经营商标产品，需提供系统要求的商标注册证、授权书或进货发票，审核通过后方可发布商标商品。"商标"是指已获得法定商标管理部门颁发的商标注册证或商标受理通知书的商标。

速卖通要求卖家店铺不得销售属于任一下列类型的涉嫌不正当竞争的相关商标（即限制类商标）：

（1）与速卖通已有的品牌、频道、业务、类目等相同或近似的。

---

❶ R 是 Register 的缩写，R 标即注册商标，即该商标已在国家商标局进行注册申请并已经商标局审查通过，成为注册商标。

❷ TM 为 Trade Mark 的缩写，即商标之意，TM 标意味着其所标注的图形或文字是作为该商品或服务的"商标"使用的，既包含注册商标 R，也包含直接使用未经商标局核准注册的未注册商标。

（2）包含行业名称或通用名称或行业热搜词的。

（3）包含知名人士、地名的品牌的。

（4）与知名品牌相同或近似的。

（5）纯图形商标。

（6）经营受品牌封闭管理规定的行业，不属于行业邀约品牌名单且未通过品牌审核的。

对于入驻时申请经营限制类商标产品的，速卖通有权拒绝或终止入驻申请；对于已经营限制类商标产品的，速卖通有权要求按照卖家规则规定的程序对相关产品进行下架。

如卖家经营的品牌在准入中或准入后出现以下情况，速卖通有权按卖家规则下架该品牌的商品，卖家不得继续经营：

（1）品牌商品被速卖通或第三方专业机构证明由不具备生产资质的生产商生产，不符合国家、地方、行业、企业强制性标准的。

（2）该品牌经速卖通或第三方专业机构判定对他人商标、商品名称、包装和装潢、企业名称、产品质量标志等构成仿冒或容易造成消费者混淆、误认的。

（3）品牌在经营期间被证明存在高纠纷率、高投诉率、低市场认可度，品牌商品描述平均分严重低于行业平均水平，严重影响消费者体验，经平台告知后在一个月内无明显改善的。

四、速卖通卖家基本义务

（1）速卖通卖家在平台的任何行为应遵守中国及其他国家可适用的法律、法规、规章、政令、判决等规范性文件。对任何涉嫌违法的行为，平台有权进行处罚或处理。同时，速卖通对卖家的处理不免除其应尽的任何法律责任。

（2）作为交易市场的卖方，卖家应就双方达成买卖交易自主对买家负责，切实履行卖家的信息披露、质量保证、发货与服务、售后及质保等义务。同时，卖家有义务了解并熟悉交易过程中的平台对买家市场规定，遵守并提供善意、合理的配合。

（3）遵守平台各类目的商品发布规则；禁止发布禁限售的商品或信息。

（4）尊重他人的知识产权，严禁未经授权发布、销售侵犯第三方知识产权的商品，包括但不限于商标、著作权、专利等。

（5）卖家应恪守诚信经营原则，及时履行订单要求，兑现服务承诺等，不得出现虚假交易、虚假发货、货不对版等不诚信行为。

（6）保障消费者知情权，履行信息披露的义务。发布商品应如实描述的义务，包括但不限于在商品描述页面、店铺页面、站内信、速卖通通信系统等所有平台提供的渠道中，向买家就自己提供的商品和服务进行真实、完整的描述；包括但不限于对物流、售后、保险等服务的方式、价格，商品的基本属性、功能、包装、成色、价格等，不作虚假或误导性陈述。

（7）保证出售的商品在合理期限内可以正常使用，包括商品不存在危及人身财产安全的风险，具备商品应当具备的使用性能、符合商品或其包装上注明采用的标准等。

（8）卖家不遵守约定，严重违反卖家基本义务，全球速卖通保留进行市场管理的权利。基于维护市场良好持续、保障买家权益的目的，全球速卖通有权进行商品品质抽检及真假鉴定（包括但不限于通过自购或从消费者处获取，通过独立第三方质检机构或品牌权利人进行鉴定、指令合作物流公司协助抽检等）；在速卖通不定时地检查卖家出售商品是否具有合法来源、是否为真时，卖家有义务保留并出示相关商品合法进货来源的凭证。对于速卖通认为检查结果不良，或卖家无法提供相关凭证的，速卖通有权对卖家或店铺采取限制措施，包括但不限于扣分、删除商品、关闭店铺、限制其他技术服务等。

五、速卖通商品发布基本规则

选择不同的销售计划，店铺可发布商品数量有所不同，其中，选择"标准销售计划"的店铺，店铺内在线商品数量上限为3000个；选择"基础销售计划"的店铺，店铺内在线商品数量上限为300个；特殊类目（Special Category）下每个类目在线商品数量上限5个。速卖通可出于行业发展和消费者权益需要调整可发布商品的数量限制。

速卖通规定，卖家具有如实描述商品并对其所售商品质量承担保证责任的基本义务。"商品如实描述"是指卖家在商品描述页面、店铺页面等所有速卖通提供的渠道中，对商品的基本属性、成色、瑕疵等必须说明的信息进行真实、完整的描述。卖家应保证其出售的商品在进口国法律规定的合理期限内可以正常使用，包括商品不存在危及人身财产安全的不合理危险、具备商品应当具备的使用性能、符合商品或其包装上注明采用的标准等。

六、速卖通服饰行业标准

基于上述产品发布的基本规则，速卖通还对一些行业制定了具体的行业标准，其中就包括《速卖通服饰行业标准》。

《速卖通服饰行业标准》参考了纺织品行业GB 18401—2010《国家纺织产品基本安全技术规范》、GB 5296.4—2012《消费品使用说明第4部分：纺织品和服装》，于2015年9月8日发布，2015年9月15日生效。该标准适用于所有在速卖通销售的见表4-10类目商品。

表4-10 速卖通服饰行业标准适用范围

销售类目：
①Apparel & Accessories>Women's Clothing女装
②Apparel & Accessories>Men's Clothing男装
③Mother & Kids/ Baby Clothing婴儿服装
④Mother & Kids/ Children's Clothing儿童服装
⑤Apparel & Accessories >Weddings & Events >Wedding Dresses婚纱礼服

1. 产品发布规范

《速卖通服饰行业标准》规定，服装服饰产品发布的标题、图片和产品描述应遵循表4-11所列的规范。

表4-11 速卖通服装服饰产品发布规范

标题发布规范	• 如有品牌，建议品牌+商品名称 • 商品标题中不得带有任何与商品真实信息无关的文字或符号
图片发布规范	• 建议背景底色为白色或纯色，图片尺寸800*800及以上，图片横向和纵向比例建议1：1～1：1.3之间 • 图片要求无边框和水印，不允许拼图 • LOGO统一放在图片左上角
产品描述规范	• 材质展示：主要用于展示服装面料的成分，成分含量标注规范参见本章示例1 • 洗涤说明：洗涤、护理标签建议包含五个图案（水洗、漂白、干燥、熨烫、专业纺织品维护） • 为保证消费者在购买商品时拥有充分知情权，建议商家在发布产品时明示以下信息： —产品名称 —产品号型和规格 —使用原料的成分和含量 —洗涤、护理标签【5个图标】 —安全类别【"A类 婴幼儿纺织产品""B类 直接接触皮肤的纺织产品""C类 非直接接触皮肤的纺织产品"】 • "女装""男装"类目下的商品除遵守前述规定外，还应遵守如下规定：商品页面展示的商品信息，除颜色、尺码外应与主图中展示的一致

资料来源：https://sell.aliexpress.com/zh/__pc/ImWwRbV6Li.htm?spm=5261.8113681.0.0.bc0670faKDfef0。

示例1：纺织品和服装成分含量的标注

（1）由一种类型纤维加工制成的纺织品和服装。

产品纤维含量标明为"100%"或"纯"时，应符合相应产品标准（国家标准、行业标准）的规定。

例1：	100%棉	或	纯棉

（2）由两种或两种以上的纤维加工制成的纺织品和服装。

① 一般情况下，可按照含量比例递减的顺序，列出每种纤维的通用名称，并在每种纤维名称前列出该种纤维占产品总体含量的百分率。

例2：	85% 锦纶 15% 黏胶纤维	例3：	55% 羊毛 35% 涤纶 10% 黏胶纤维

② 如果有一种或一种以上纤维的含量不足5%，则按下列方法之一标明其纤维含量：

• 列出该纤维名称和含量。

• 集中标明为"其他纤维"字样和这些纤维含量的总量。

• 若这些纤维含量的总量不超过5%，则可不提及。

例4:	50% 黏胶纤维 46% 涤纶 4% 羊毛	例5:	90% 羊毛 10% 其他纤维
例6:	92% 醋纤 4% 氨纶 4% 黏胶纤维	或	92% 醋纤 8% 其他纤维

（3）由底组织和绒毛组成的纺织品和服装应分别标明产品中每种纤维的含量，或分别标明绒毛和基布中每种纤维的含量。

例7:	60% 棉 30% 涤纶 10% 锦纶	例8:	绒毛 90% 棉 10% 锦纶 基布 100% 涤纶

（4）有里料的纺织品和服装含有里料的产品应标明里料的纤维含量。

例9:	面料 纯羊毛 里料100% 涤纶

（5）含有填充物的纺织品和服装含有填充物的产品，应标明填充物的种类和含量。羽绒填充物应标明含绒量和充绒量。

例10:	套 65% 涤纶 35% 棉 填充物 100% 木棉	例11:	面料 65% 棉 35% 涤纶 里料 100% 涤纶 填充物 灰鸭绒 含绒量 80% 充绒量 200g

（6）由两种或两种以上不同质地的面料构成的单件纺织品和服装应分别标明每部分面料的纤维名称及含量。

例12:	身 100% 丙纶 袖 100% 锦纶

2. 特殊品类管理规范

速卖通关于服装服饰产品的特殊品类管理是针对羊毛羊绒针织品、羽绒及真丝服装服饰产品的管理规范。

（1）羊毛羊绒针织品管理规范：羊绒羊毛针织品的商品名称须遵循严格的使用规范，见表4-12，只有羊毛成分含量达到100%的针织品才能称为"纯、全、100%羊毛针织品"，羊毛成分含量不足100%，但达到30%（含）以上的称为"羊毛针织品"。因此，产品标题中的关键词使用必须遵循定义所要求的成分含量规定，即：（A）包含关键词"纯、全羊绒"，必须满足羊绒成分含量95%及以上，差值部分材质必须是羊毛；（B）包含关键词"纯/全羊毛"，必须满足羊毛成分含量达到100%；（C）包含关键词"羊绒"的针织品，必须满足羊绒成分含量30%以上（含）；（D）包含关键词"羊毛"的针织品，必须满足羊毛成分含量30%以上（含）；（E）羊绒或羊毛成分含量30%以下（不含）的针织品，只能使用关键词"针织衫"或"毛衣"，不得使用"羊绒"或"羊毛"；（F）"羊绒混纺""羊毛混纺"等关键词的使用，也必须满足A、B、C、D关键词使用规范；（G）标题中不允许同时出现"羊毛""羊绒"关键词叠加，若该针织品的羊绒、羊毛成分均大于30%，且两者含量一致，可自行选择一个名称使用。

在描述商品卖点时，必须披露完整的成分及含量，如55%羊毛、35%涤纶、10%黏胶纤维。具体要求可参见本章示列1。

表4-12 羊毛、羊绒针织品定义

纯、全、100%羊绒针织品	羊绒成分含量95%及以上，差值部分材质必须是羊毛
纯、全、100%羊毛针织品	羊毛成分含量必须达到100%
羊绒针织品	羊绒成分含量30%以上（含）的针织品
羊毛针织品	羊毛成分含量30%以上（含）的针织品

资料来源：速卖通服饰行业标准。

（2）羽绒服装管理规范：羽绒服装的定义是指含绒量明示值不低于50%的服装。因此，商品标题中如包含关键词"羽绒"，必须满足含绒量不得低于50%这一条件。此外，商品发布应标明填充物、含绒量、充绒量的信息，且要求属性值与吊牌/洗涤标保持一致。填充物包括白鸭绒、灰鸭绒、白鹅绒、灰鹅绒；含绒量是指绒子和绒丝在羽毛羽绒中的含量百分比；充绒量是指填充羽绒的总重量，单位为克（g）。如填充物：灰鸭绒；含绒量80%；充绒量200g。

（3）真丝服饰管理规范：真丝服饰是指桑蚕丝或柞蚕丝成分100%的服装。进行商品描述时，若包含关键字"蚕丝"，必须满足含蚕丝量不低于30%。

3. 产品标识标志规范

服饰行业必须具有吊牌（合格证）或耐久性标签，二者必须具备其一。耐久性标签是指永久附着在产品上，并能在产品的使用过程中保持清晰易读的标签。耐久性标签的形式包括但不限于：洗涤标、领标。

吊牌或耐久性标签必须包含：①产品名称（女装行业必须具备）；②产品号型和规格；③使用原料的成分和含量；④洗涤、护理标签（建议标注5个图标）。同时，可选择性包含：①制造者的名称和地址；②执行标准；③安全类别（婴幼儿类产品标"A类婴幼儿用品"，直接接触皮肤类产品标"B类"，非直接接触皮肤类产品标"C类"）。销往海外的服饰，建议卖家全部采用英文吊牌或耐久性标签。

4. 产品质量规范

速卖通会不定期对在售服饰类商品做抽检工作，抽检内容参考国家标准。产品安全性必须符合GB 18401—2010《国家纺织产品基本安全技术规范》的要求（纺织产品基本安全技术要求根据指标分为A、B、C三类，其中婴幼儿纺织产品应符合A类要求，直接接触皮肤的产品至少应符合B类要求，非直接接触皮肤的产品至少应符合C类要求，各类技术要求见表4-13）。产品标识标注必须符合GB 5296.4—2012《消费品使用说明第4部分：纺织品和服装》的要求；产品质量按产品标签上所标识的产品执行标准。

表4-13 纺织产品基本安全技术要求

项目		A类	B类	C类
甲醛含量（mg/kg）≤		20	75	300
pH		4.0~7.5	4.0~8.5	4.0~9.0
染色牢度/级≥	耐水（变色、沾色）	3~4	3	3
	耐酸汗渍（变色、沾色）	3~4	3	3
	耐碱汗渍（变色、沾色）	3~4	3	3
	耐干摩擦	4	3	3
	耐唾液（变色、沾色）	4	—	—
异味		无		
可分解致癌芳香胺染料（mg/kg）		禁用		

注 后续加工工艺中必须要经过湿处理的非最终产品，pH可以放宽到4.0~10.5；对需经洗涤褪色工艺的非最终产品，本色及漂白产品不要求；扎染、蜡染等传统的手工着色产品不要求；耐唾液色牢度仅考虑婴幼儿纺织产品。
资料来源：https://sell.aliexpress.com/zh/__pc/ImWwRbV6Li.htm?spm=5261.8113681.0.0.bc0670faKDfef0。

表4-14、表4-15分别列出了《速卖通纺织品品质抽检行为规范细则》中关于产品质量检验项目和产品标签检查项目的要求。

表4-14 速卖通产品质量（除标识）检验项目及重要程度分类

大类	分类	检验项目	依据法律法规或标准条款	强制性/推荐性
纺织品、服装产品	絮用纤维制品、羊绒针织品、针织服装、毛巾、围巾、丝巾、披肩、制衣原料（毛线、布匹）、针织内衣、毛针织品、针织女式内衣、西服、大衣、西裤、衬衫、休闲类服装、儿童服装、母婴服饰、羽绒制品等纺织品、服装产品	甲醛含量	GB 18401	强制性
		pH	GB 18401	强制性
		可分解致癌芳香胺染料	GB 18401	强制性
		耐水色牢度	GB 18401	强制性
		耐汗渍色牢度	GB 18401	强制性
		耐干摩擦色牢度	GB 18401	强制性
		耐唾液色牢度	GB 18401	强制性
		异味	GB 18401	强制性
		原料要求	GB 18383	强制性

续表

大类	分类	检验项目	依据法律法规或标准条款	强制性/推荐性
纺织品、服装产品	絮用纤维制品、羊绒针织品、针织服装、毛巾、围巾、丝巾、披肩、制衣原料（毛线、布匹）、针织内衣、毛针织品、针织女式内衣、西服、大衣、西裤、衬衫、休闲类服装、儿童服装、母婴服饰、羽绒制品等纺织品、服装产品	卫生要求	GB 18383	强制性
		填充物质量偏差率	QB/T 1193等	推荐性
		充绒量	GB/T 14272	推荐性
		羽绒绒子含量	QB/T 1193等	推荐性
		羽绒含绒量（包含羽绒种类、绒子含量）	GB/T 14272	推荐性
		纤维成分含量	GB/T 29862	推荐性
			QB/T 1193等	推荐性
		免烫性能	GB/T 18863	推荐性
		防紫外线性能	GB/T 18830	推荐性
		抗菌效果、溶出性	FZ/T 73023	推荐性
		拒水性	GB/T 21295	推荐性
		静电压半衰期	GB/T 12703.1	推荐性
		吸水率、滴水扩散时间、芯吸高度、蒸发速率、透湿量	GB/T 21655.1	推荐性
		静水压	以页面或标识明示指标进行判定	推荐性

资料来源：同上。

表4-15　产品标签检查项目及分类

序号	检查项目	检测方法标准	不合格程度分类	
			Ⅰ类a	Ⅱ类b
1	制造者/代理商名称、地址	外观目测	●	●
2	产品名称			●
3	产品号型（规格）			●
4	纤维成分及含量		●	
5	维护/洗涤方法			●
6	使用/贮藏要求说明（可在需要时应用）			●
7	产品标准编号			●
8	产品安全类别		●	●

注　一个项目内有Ⅰ、Ⅱ分类时，Ⅰ类为未标注，Ⅱ类为标注不正确；纤维成分及含量只有Ⅰ类不合格，该项不合格时直接判断标识标志不合格。

资料来源：同上。

速卖通商家需遵守服饰行业标准的产品发布规范（标题、图片、产品描述、标识标志）及产品质量规范的要求。若商家的产品不符合行业发布规范，将影响相应产品的曝光以及平台营销活动的入选概率。同时，速卖通官方抽检的商品若检测为标志标识不合格，速卖通将下架违规商品，首次不扣分，其后每次扣一分，纳入交易违规及其他规则。若商家的产品不符合行业产品质量规范要求，出售由不具备生产资质的生产商生产的，或不符合国家、地方、行业、企业强制性标准或不符合速卖通公布的规则，速卖通将根据产品质量的严重程度，予以不同程度的扣分处罚。

七、速卖通知识产权规则

全球速卖通平台严禁用户未经授权发布、销售涉嫌侵犯第三方知识产权的商品。若卖家发布、销售涉嫌侵犯第三方知识产权的商品，有可能被知识产权所有人或者买家投诉，平台也会随机对商品（包含下架商品）信息、产品组名进行抽查，若涉嫌侵权，则信息会被退回或删除。同时，根据侵权类型执行处罚（表4-16）。

表4-16　速卖通知识产权处罚规则

侵权类型	定义	处罚规则
商标侵权	严重违规：未经注册商标权人许可，在同一种商品上使用与其注册商标相同或相似的商标	三次违规者关闭账号
	一般违规：其他未经权利人许可使用他人商标的情况	首次违规扣0分；其后每次重复违规扣6分；累达48分者关闭账号
著作权侵权	未经权利人授权，擅自使用受版权保护的作品材料，如文本、照片、视频、音乐和软件，构成著作权侵权 • 实物层面侵权：实体产品或其包装被盗版；实体产品或其包装非盗版，但包括未经授权的受版权保护的内容或图像 • 信息层面信息：图片未经授权被使用在详情页上；文字未经授权被使用在详情页上	首次违规扣0分；其后每次重复违规扣6分；累达48分者关闭账号
专利侵权	外观专利、实用新型专利、发明专利的侵权情况（一般违规或严重违规的判定视个案而定）	首次违规扣0分；其后每次重复违规扣6分；累达48分者关闭账号（严重违规情况，三次违规者关闭账号）

备注：
1. 速卖通会按照侵权商品投诉被受理时的状态，根据相关规定对相关卖家实施适用处罚；
2. 同一天内所有一般违规及著作权侵权投诉，包括所有投诉成立（商标权或专利权）：被投诉方被同一知识产权投诉，在规定期限内未发起反通知，或虽发起反通知，但反通知不成立；著作权：被投诉方被同一著作权人投诉，在规定期限内未发起反通知，或虽发起反通知，但反通知不成立），及速卖通平台抽样检查，扣分累计不超过6分
3. 同三天内所有严重违规，包括所有投诉成立（即被投诉方被同一知识产权投诉，在规定期限内未发起反通知；或虽发起反通知，但反通知不成立）及速卖通平台抽样检查，只会作一次违规计算；三次严重违规者关闭账号，严重违规次数记录累计不区分侵权类型
4. 速卖通有权对卖家商品违规及侵权行为及卖家店铺采取处罚，包括但不限于①退回或删除商品/信息；②限制商品发布；③暂时冻结账户；④关闭账号。对于关闭账号的用户，速卖通有权采取措施防止该用户再次在速卖通上进行登记
5. 每项违规行为由处罚之日起有效365天
6. 当用户侵权情节特别显著或极端时，速卖通有权对用户单方面采取解除速卖通商户服务协议及免费会员资格协议、直接关闭用户账号及速卖通酌情判断与其相关联的所有账号及/或采取其他为保护消费者或权利人的合法权益或平台正常的经营秩序，由速卖通酌情判断适当的措施。该等情况下，速卖通除有权直接关闭账号外，还有权冻结用户关联国际支付宝账户资金及速卖通账户资金，其中依据包括为确保消费者或权利人在行使投诉、举报、诉讼等救济权利时，其合法权益得以保障
7. 速卖通保留以上处理措施的最终解释权及决定权，也会保留与之相关的一切权利
8. 本规则如中文和非中文版本存在不一致、歧义或冲突，应以中文版为准

注　以上规则所称"侵权情节特比显著或极端"包括但不限于以下：①用户侵权行为的情节特别严重；②权利人针对速卖通提起诉讼或法律要求；③用户因侵权行为被权利人起诉，被司法、执法或行政机关立案处理；④应司法、执法或行政机关要求速卖通处置账号或采取其他相关措施；⑤用户所销售的商品在产品属性、来源、销售规模、影响面、损害等任一因素方面造成较大影响的；⑥构成严重侵权的其他情形（如以错放类目、使用变形词、遮盖商标、引流等手段规避）。

示例2：服装知识产权侵权案例

服装服饰类产品的知识产权问题，尤其是商标权问题，是服装出口企业特别需要注意的问题。速卖通官网上公布的典型知识产权侵权案例中，服装服饰类占比较高。请参看以下案例。

知识产权内容：BURBERRY。

权利人：BURBERRY LIMITED。

知识产权类型：商标权。

主要涉及行业：服装配饰、母婴、箱包等。

品牌介绍：BURBERRY，中文译作博柏利，是极具英国传统风格的奢侈品牌，其多层次的产品系列满足了不同年龄和性别消费者需求，公司采用零售、批发和授权许可等方式使其知名度享誉全球。BURBERRY的招牌格子图案是BURBERRY家族身份和地位的象征。

图 4-1 BURBERRY 及图形商标

除了文字商标，该品牌还包含图形商标，包括但不限于图4-1所示图形。

侵权行为：在产品，产品标题、属性、描述中有出现商标的情况，如图4-2所示。

图 4-2 Burberry 格子图形商标侵权

除上述例子以外，很多知名服装品牌的文字商标和图形商标也常遭受侵权。表4-17列出了一些例子，做出口跨境电商的服装企业一定要引以为戒。

表4-17　知名品牌侵权示例

知识产权内容	知识产权类型	知识产权权利人及品牌介绍	侵权商品示例
（图）	商标权	权利人：Gucci America, Inc. Gucci，中文译作古驰，意大利时装品牌，1921年创立于意大利佛罗伦萨，产品包括时装、皮具、皮鞋、手表、领带、丝巾、香水、家居用品及宠物用品等	（图）
（图）	商标权	权利人：adidas AG adidas，中文译作阿迪达斯，创办于1949年，是德国运动用品制造商阿迪达斯AG成员公司	（图）
WORLD CUP 2018	商标权	权利人：Fédération Internationale de Football Association（FIFA） 2018年俄罗斯世界杯（2018 FIFA World Cup）是国际足联世界杯足球赛举办的第21届赛事	（图）
Russia 2018	商标权	权利人：Fédération Internationale de Football Association（FIFA） 2018年俄罗斯世界杯（2018 FIFA World Cup）是国际足联世界杯足球赛举办的第21届赛事	（图）

资料来源：https://sell.aliexpress.com/__pc/IPR.htm?spm=5261.8197321.0.0.682511a94ohQxX。

八、速卖通禁限售规则

速卖通禁止其用户在平台发布任何违反任何国家、地区及司法管辖区的法律规定或监管要求的商品。速卖通平台公布有《全球速卖通违禁信息列表》（以下简称《信息列表》）供用户参考，平台有权根据法律规定、监管要求及平台自身规定对信息列表做增删和修改。速卖通用户有义务确保自己发布的商品没有违反任何司法管辖区的要求。

任何违规,都将依据《阿里巴巴速卖通的禁限售规则》进行处罚,见表4–18。需要注意的是,全部在线商品及下架商品均在速卖通平台抽检范围之内,如有违规行为会按照相关规定处罚。另外,禁限售违规和知识产权一般侵权将累计积分,积分累积到一定分值,将执行账号处罚:2分,严重警告;6分,限制商品操作3天;12分,冻结账号7天;24分,冻结账号14天;36分,冻结账号30天;48分,关闭账号。

表4-18 速卖通禁限售违规处罚

违规行为	扣分处罚	其他处罚
发布禁限售商品	严重违规:48分/次(关闭账户)	• 退回/删除违规信息 • 若核查到订单中涉及禁限售商品,速卖通将关闭订单,如买家已付款,无论无物流状况均全额退款给买家,卖家承担全部责任
	一般违规:0.5分~6分/次(1天内累计不超过12分)	

资料来源:https://sell.aliexpress.com/zh/__pc/post001.htm?spm=5261.8113681.0.0.2bf670fayc9be3(版本时间:2018年1月12日)。

卖家要特别注意《信息列表》第17条和第18条。第17条"违反目的国/本国产品质量技术法规/法令/标准的、劣质的、存在风险的商品",包括"经权威质检部门或生产商认定、公布或召回的商品;各国明令淘汰或停止销售的商品;过期、失效、变质的商品、无生产日期、无保质期、无生产厂家的商品"及"高风险及安全隐患类商品",前者一般违规扣2分/次,后者一般违规扣1分/次。《信息列表》第18条"部分国家法律规定禁限售商品及因商品属性不适合跨境销售而不应售卖的商品"中,针对"部分国家法律规定不允许或限制售卖的商品",根据不允许售卖商品的类别,速卖通有权按照禁限售违禁信息列表中已约定类别处理,包括扣分、商品屏蔽、删除等处置;"因商品属性不适合跨境销售而不应售卖的商品(如香水)",如卖家通过类目错放等方式发布,一经发现,速卖通有权采取退回、下架、冻结或关闭账号的处置。

对于第18条,经营服装服饰商品的卖家也需要特别注意。例如,销往俄罗斯的服装服饰不允许包含大麻叶子及领导人等政治人物的画像(图4-3)。

图4-3 销往俄罗斯禁限售商品示例

此外，速卖通有权根据发布信息本身的违规情况及会员行为做加重处罚或减轻处罚的处理。对于被认定为恶意行为的一般违规将做加重处罚处理（如发现同类重复违规行为，二次处罚分数加倍）。例如，采用对商品信息隐藏、遮挡、模糊处理等隐匿的手段，采用暗示性描述或故意通过模糊描述、错放类目等方式规避监控规则，同时发布大量违禁商品，重复上传违规信息，恶意测试规则等行为均属恶意违规行为。对于恶意违规行为将视情节的严重性做加重处罚处置，如一般违规处罚翻倍，或达到严重违规程度，将关闭账号。

思考题

1. 比较敦煌网和速卖通两大平台的开店准入规则。
2. 比较敦煌网和速卖通两大平台有关品牌/商标的规则。
3. 举例说明服装电商经营中的知识产权侵权问题。

专业实践

跨境电商物流

课程内容： 介绍跨境电商的常用物流方式，包括邮政物流、国际快递、海外仓及专线物流等；介绍主要跨境电商平台的物流服务及发货流程；介绍我国跨境电商产品出口清关及目的地海关进口清关相关内容。

课程学时： 6学时

课程要求： 讲授各种物流方式的优劣势和适用性，通过介绍平台发货服务及流程让学生了解跨境物流发货的操作过程，讲授有关海关清关的模式及内容，要求学生理解不同的出口清关模式。

第五章　跨境电商物流

跨境物流对于跨境交易的完成至关重要。对于出口跨境电商的卖家来说，在接到买家的订单后，首先要考虑的问题便是选择什么样的物流方式将产品送达海外用户。与传统贸易多是大宗交易不同，跨境电商交易的往往是分散的小批量订单，邮件和快件是跨境电商交易最常采用的物流方式。一般来说，卖家可根据包裹重量选择采用邮政小包或大包，如客户时效性要求高则采用国际快件。本章主要介绍跨境电商物流中的邮政包裹及国际快递相关内容。

第一节　邮政物流

据不完全统计，中国出口跨境电商70%的包裹都是通过邮政系统投递，其中，中国邮政占据50%左右，也包括其他邮政，如新加坡邮政等。中国邮政的物流业务分为邮政包裹业务和快递业务两部分，前者主要包括邮政航空大包、小包，后者是指中国邮政速递物流公司的EMS（中国邮政特快专递）、ePacket（e邮宝）等快件业务。

一、邮政小包

中国邮政航空小包（China Post Air Mail）又称中国邮政小包、邮政小包、航空小包，是指包裹重量在2千克以内，外包装长、宽、高之和小于90厘米，且最长边小于60厘米，通过邮政空邮服务寄往国外的小邮包，可以称为国际小包。它包含挂号、平邮两种服务。前者费率较低，但不提供跟踪查询服务；后者费率稍高，可提供网上跟踪查询服务。

一般卖家所销售的电子产品、饰品、配件、服装、工艺品都可以采用此种方式来发货。目前常见的邮政小包服务渠道有：中国邮政小包、新加坡邮政小包、荷兰小包、瑞士小包、俄罗斯小包等。邮政小包是特别适合于亿贝（eBay）、速卖通（AliExpress）、敦煌网（DHgate）等B2C跨境电商卖家的发货方式，是众多跨境电商卖家首选的物流方式。

邮政小包具有价格便宜和清关方便等优点，但递送时效慢，丢包率较高，非挂号件无法跟踪，且在商品体积、重量、形状等方面局限性较大。总体来说，邮政小包属于性价比较高的物流方式，适合寄送物品重量较轻、量大、价格要求实惠而且对于时限和查询要求不高的产品。

（一）邮政小包的资费标准

运费根据包裹重量按克计费，1克起重。不同目的地资费不同，具体可查阅中国邮政官网[1]。如从北京市发往美国的重量为500克的包裹，航空平邮小包的资费为33.9元（首重资费7.21元/30克；续重单价0.05679元/克）[2]。

（二）邮政小包的参考时效

由于中国邮政并未对中邮小包寄递时限进行承诺，因此卖家可以通过全球物流查询平台，如17track[3]对寄递时效进行了解。邮政小包的送达时间相对较长，正常情况16~35天左右到达目的地，特殊情况35~60天到达目的地（特殊情况包括节假日、政策调整、偏远地区等）。

（三）邮政小包的跟踪查询

平邮小包不受理查询；挂号小包大部分国家可全程跟踪，部分国家只能查询到签收信息，部分国家不提供信息跟踪服务，具体可参考17track网站的统计信息。

（四）邮政小包的重量限制和体积限制

1. 重量限制

邮政小包的限制重量为2千克，如果卖家包裹超出2千克，就要分成多个包裹邮寄，或者选择其他物流方式。

2. 尺寸限制

外包装长、宽、高之和小于90厘米，且最长边小于60厘米；至少有一面的长度不小于14厘米，宽度不小于9厘米。圆卷状的，直径的两倍和长度合计不小于17厘米，不超过104厘米，长度不得短于10厘米，不得超过90厘米。

（五）邮政小包的优缺点

1. 邮政小包的优点

（1）邮寄范围广：邮政小包可寄达全球241个国家及地区，只要有邮局的地方都可以送达，大大扩大了卖家的市场空间，有利于广泛拓展国外市场。邮政小包本质上属于"民用包裹"，并不属于商业快递，因此该方式能邮递的物品相对较多，除非禁止寄递物品[4]和干电池、带磁物品、化妆品、药品等限制性物品，没有其他特别限制。

---

[1] 中国邮政官网：https://www.11185.cn。
[2] 中国邮政：https://my.ems.com.cn/pcp-web/f/pcp/indexController/quotequery。
[3] 物流支持全球物流查询平台，支持全球170个国家邮政和国际快递单号查询（网址：https://www.17track.net）。
[4] 详见国家邮政局、公安部、国家安全部于2016年12月16日发布的《禁止寄递物品管理规定》之附录《禁止寄递物品指导目录》。

（2）邮寄方便：线上发货，卖家可以在线下单、打印面单后直接由邮政工作人员上门揽收（大多数城市都需要挂号10件、平常20件，有些城市1件或者5件）或将邮件交付中国邮政的集货仓，即可享受快捷、便利的国际小包服务。计费方式全球统一，以重量"克"计算费用，不计首重和续重，大大便利了运费核算与成本控制。

（3）价格优惠：国际邮政小包通过万国邮政体系实现商品的进出口，运用个人邮包形式进行发货，相对于其他运输方式来说，邮政小包服务有绝对的价格优势，卖家采用此种方式发货可最大限度地降低成本，提高价格竞争力。

（4）通关强：邮政包裹的海关通过流程较快递简单很多，享有"绿色通道"，一般不会发生扣关的情况，因此小包的清关能力强，出关不会产生关税或清关费用，但在目的地国家进口时有可能产生进口关税，具体根据每个国家海关税法的规定而各有不同。

2. 邮政小包的缺点

邮政小包也存在一些固有的缺点，如重量限制、运送时间长、交付效率低、许多国家不支持全程跟踪查询（邮政官方的183网站❶只能跟踪国内部分，国外部分不能全程跟踪）等。

二、邮政大包

中国邮政航空大包（China Post Air Parcel），俗称航空大包或中邮大包。中国邮政航空大包是适合邮寄重量较重（超过2千克）且体积较大的包裹，邮政大包可寄达全球200多个国家。此渠道全程航空运输，可以到达世界各地，只要有邮局的地方都可以到达，对于时效性要求不高而重量稍重的货物，可选择用此方式发货。

（一）邮政大包的资费标准

以首重1千克、续重1千克的计费方式收费。收费最低的是中国香港，收费最高的是巴西。具体可查阅中国邮政邮务业务官网。

（二）体积和重量限制

1. 最高限重

一般为20千克，最大重量为30千克，寄件地址不同重量限制有所不同，如美国、加拿大、法国、日本等为30千克，波兰为15千克。

2. 最大尺寸限制

第一种尺寸：最长一边不超过150厘米，长度与长度以外的最大横周合计不超过300厘米。

第二种尺寸：最长一边不超过105厘米，长度与长度以外最大横周合计不超过200厘米。横周面积的计算公式：横周面积=高（厘米）×2+宽（厘米）×2+长（厘米）

---

❶ 中国邮政快递查询网：https://www.183post.com。

（三）邮政大包的跟踪查询

收寄件、收费等信息可以通过中国邮政邮务业务官网查询，可全程跟踪。

（四）邮政大包的优点

邮政大包拥有中国邮政的大部分优点：成本低、通达国多、清关能力强、运单操作简单。

三、e邮宝

ePacket俗称e邮宝，又称EUB，是为适应跨境电商轻小件物品寄递需要推出的经济型国际速递业务，利用邮政渠道清关，进入合作邮政轻小件网络投递。ePacket最早可以发往美国、俄罗斯、加拿大、英国、法国、澳大利亚6个国家，目前已增加到了39个国家或地区[1]，但相比国际小包，到达的地区范围还是小很多。

（一）e邮宝资费标准

e邮宝针对不同线路每件收取8～35元不等的固定费用，然后根据重量以克为单位收费。大部分路线起重为1克，部分路线50克。具体可查询中国邮政速递物流官网[2]。

（二）e邮宝的重量和体积限制

1. 重量限制

大部分路线单件限重2千克，少数路线有所不同，例如，以色列、俄罗斯可达3千克。

2. 尺寸限制

有单件尺寸限制，单件最大尺寸：长、宽、厚合计不超过90厘米，最长一边不超过60厘米。圆卷邮件直径的两倍和长度合计不超过104厘米，长度不得超过90厘米；单件最小尺寸：长度不小于14厘米，宽度不小于11厘米。圆卷邮件直径的两倍和长度合计不小于17厘米，长度不小于11厘米。

（三）参考时限

主要路线参考时限7～10个工作日。

（四）查询

提供收寄、出口封发、进口接收实时跟踪查询信息，不提供签收信息，只提供投递确认信息。客户可以通过EMS网站或拨打客服专线、寄达国邮政网站查看邮件跟踪信息。

---

[1] 中国邮政：http://shipping.ems.com.cn/product/findDetail?sid=500033。
[2] 中国邮政速递物流官网：http://www.ems.com.cn。

（五）赔偿

暂不提供邮件的丢失、延误、损毁补偿、查验等附加服务。因此，ePacket并不适合寄递一些价值比较高的产品。对于无法投递或收件人拒收邮件，提供集中退回服务。

（六）投递范围

美国——本土，本土以外所有属地及其海外军邮地址；
英国——本土及海峡群岛、马恩岛；
法国——仅本土区域，法国海外属地无法投递。
其他国家和地区——仅本土。

（七）发运系统支持语言

简体中文、繁体中文、日语、意大利语、西班牙语、俄语、英语。不支持韩语、阿拉伯语、葡萄牙语、德语、法语、挪威语。

四、EMS

EMS（Express Mail Service），即特快专递邮件业务。国际EMS，是中国邮政速递物流公司与各国（地区）邮政合作开办的中国内地与台港澳以及其他国家间寄递特快专递邮件的一项服务。该业务通达全球200多个国家和地区，以高速度、高质量为用户传递国际各类文件资料和物品，同时提供多种形式的邮件跟踪查询服务。EMS还提供代客包装、代客报关、代办保险等一系列综合服务。由于EMS是跟其他国家（地区）的邮政合办的，因此EMS在各国（地区）邮政、海关、航空等部门均享有优先处理权，这是EMS区别于普通商业快递的最根本的地方。

（一）资费标准

国际EMS的资费分区计费，共分为1～9九个区，不同区收费不同（表5-1）。收费最低的是一区即港澳台地区，物品首重500克130元，五区美国首重500克240元，费用居中，收费最高的是九区，首重500克收费445元。需要注意的是，EMS的资费分文件和物品两类，单件重量不超过500克的物品类邮件可按文件类收取资费。另外，根据国际航空运输协会的相关规定，当邮件体积重量大于实际重量时，邮件的运费标准按照其体积重量予以收取；具体计算公式为：长（厘米）×宽（厘米）×高（厘米）÷6000=体积重量。

表5-1　国际EMS资费标准　　　　　　　　　　　　　　　　　　　　　　　单位：元

区域	首重（500g） 文件	首重（500g） 物品	续重（500g）
一区	90	130	30
二区	115	180	40
三区	130	190	45
四区	160	210	55
五区	180	240	75
六区	220	280	75
七区	240	300	80
八区	260	335	100
九区	370	445	120

注　一区：中国澳门，中国台湾，中国香港。
二区：朝鲜，韩国，日本。
三区：菲律宾，柬埔寨，马来西亚，蒙古，泰国，新加坡，印度尼西亚，越南。
四区：澳大利亚，新西兰，巴布亚新几内亚。
五区：美国。
六区：加拿大，爱尔兰，奥地利，比利时，丹麦，德国，法国，芬兰，荷兰，卢森堡，马耳他，挪威，葡萄牙，瑞典，瑞士，西班牙，希腊，意大利，英国，南非。
七区：巴基斯坦，老挝，孟加拉国，尼泊尔，印度，土耳其，斯里兰卡。
八区：阿根廷，阿联酋，巴拿马，巴西，白俄罗斯，波兰，俄罗斯，哥伦比亚，古巴，圭亚那，捷克，秘鲁，墨西哥，乌克兰，匈牙利，以色列，约旦，乌拉圭，黎巴嫩。
九区：阿曼，埃及，埃塞俄比亚，阿塞拜疆，爱沙尼亚，巴林，保加利亚，博茨瓦纳，布基纳法索，刚果（布），刚果（金），哈萨克斯坦，吉布提，几内亚，加纳，加蓬，卡塔尔，开曼群岛，科特迪瓦，科威特，克罗地亚，肯尼亚，拉脱维亚，卢旺达，罗马尼亚，马达加斯加，马里，摩洛哥，莫桑比克，尼日尔，尼日利亚，塞内加尔，塞浦路斯，沙特阿拉伯，突尼斯，乌兹别克斯坦，乌干达，叙利亚，伊朗，伊拉克，乍得，阿尔及利亚。
资料来源：http://shipping.ems.com.cn/product/findDetail?sid=7476。

（二）EMS的参考时效、重量限制和体积限制

国际EMS投递时效、重量和体积限制均依分区或国别有所不同，具体见表5-2。

表5-2　国际EMS投递时效及重量与体积限制

资费区	参考时限（工作日）	最高限重（kg）	最大尺寸限制（m）
一区	2～4	中国澳门31.5，其他30	中国香港：标准1 其他：标准3
二区	2～4	30	朝鲜：标准2 其他：标准1
三区	3～7	越南31.5；蒙古20；其他30	标准1
四区	6～8	澳大利亚20；其他30	澳大利亚：标准4 其他：标准1
五区	5～7	31.5	标准5
六区	7～10	30	标准1

续表

资费区	参考时限（工作日）	最高限重（kg）	最大尺寸限制（m）
七区	3~7	印度35；其他30	标准1
八区	7~15	古巴10，阿根廷、圭亚那、以色列、波兰、乌克兰20；哥伦比亚50；其他30	阿根廷：标准2 其他：标准1
九区	7~20	哈萨克斯坦、叙利亚、巴林20；开曼群岛10；阿塞拜疆50；肯尼亚、布基纳法索、罗阿尼亚31.5；其他30	开曼群岛：标准2 其他：标准1

注　最大限制尺寸标准对照：
标准1：任何一边的尺寸都不得超过1.5米，长度和长度以外的最大横周合计不得超过3.0米。
标准2：任何一边的尺寸都不得超过1.05米，长度和长度以外的最大横周合计不得超过2.0米。
标准3：任何一边的尺寸都不得超过1.05米，长度和长度以外的最大横周合计不得超过2.5米。
标准4：任何一边的尺寸都不得超过1.05米，长度和长度以外的最大横周合计不得超过3.0米。
标准5：任何一边的尺寸都不得超过1.52米，长度和长度以外的最大横周合计不得超过2.74米。
如遇更新以万国邮联最新公布为准。

（三）EMS的跟踪查询

投递信息可登录EMS官网[1]查看相应的收寄、跟踪信息，但信息有时滞后。

（四）EMS的优缺点

1. EMS的优点

（1）邮政的投递网络强大，覆盖面广，价格比较合理。

（2）不用提供商业发票就可以清关，而且具有优先通关的权利，即使通关不过的货物也可以免费运回国内，其他快递一般都要收费。

（3）寄往南美及俄罗斯等国家有绝对优势。

2. EMS的缺点

（1）相对于商业快递来说，速度会偏慢一些。

（2）查询网站信息滞后，一旦出现问题，只能做书面查询，查询时间较长。

（3）不能一票多件，大货价格偏高。

第二节　国际快递

除通过邮政系统寄递外，跨境电商使用较多的另一种物流模式为国际快递，即通过国际快

---

[1] EMS官网：http://www.ems.com.cn。

递公司进行商品的物流与配送。知名国际快递公司主要有UPS、FedEx、DHL、TNT等。此外，我国本土快递公司也逐步涉入跨境物流业务，如顺丰、申通等。国际快递可以针对不同的顾客群体，如国家地域、商品种类、体积大小、商品重量等选取不同的渠道实现商品速递。国际快递具有时效性高、丢包率低等优点，但价格高，尤其在偏远地区的附加费更高，且含电、特殊类商品无法速递。

一、UPS

UPS全称是United Parcel Service，即联合包裹速递服务公司，于1907年作为一家信使公司成立于美国华盛顿州西雅图，全球总部位于美国亚特兰大市，是一家全球性的公司。作为世界上最大的快递承运商与包裹递送公司，同时也是运输、物流、资本与电子商务服务的提供者。

大部分UPS的货代公司均可提供UPS旗下主打的四种快递服务，包括：

UPS Worldwide Express Plus——全球特快加急，资费最高；

UPS Worldwide Express——全球特快；

UPS Worldwide Saver——全球速快；

UPS Worldwide Expedited——全球快捷，最慢，资费最低。

在UPS的运单上，前三种方式都是用红色标记的，最后一种是用蓝色标记的，但通常所说的红单是指UPS Worldwide Saver。速卖通平台支持的UPS发货方式包括UPS Express Saver（俗称红单）和UPS Expedited（俗称蓝单）两种，下面做简要介绍。

（一）UPS资费标准

UPS的资费标准以UPS官网[1]公布的信息或者UPS的服务热线信息为准。

一票多件货物的总计费用依据运单内每个包裹的实际重量和体积重量中较大者计算，并且不足0.5千克按照0.5千克计算，超出0.5千克不足1千克的按1千克计算，每票包裹的计费重量为每件包裹的计费重量之和。

（二）UPS的参考时效

UPS国际快递参考派送时间为2~4个工作日。派送时间为从已上网到收件人收到此快件为止。如遇到海关查车等不可抗拒的因素，派送时效就要以海关放行时间为准。

（三）UPS的跟踪查询

UPS提供国际快递跟踪查询，可在网站www.ups.com进行查询。

---

[1] UPS 中国官网：https://www.ups.com/cn/zh/Home.page?loc=zh_CN。

（四）UPS的体积重量限制

UPS国际快递小型包裹服务，一般不递送超过重量和尺寸标准的包裹。若UPS国际快递接收该类货件，将对每个包裹收取超重超长附加费378元人民币。重量和尺寸标准如下：

（1）每个包裹最大重量为70千克。

（2）每个包裹最长长度为270厘米。

（3）每个包裹最大尺寸：长度+周长=330厘米，周长=2×（高度+宽度）。

（4）每个包裹最多收取一次超重超长费。

（五）UPS的优缺点

1. UPS的优点

（1）速度快，服务好。

（2）强项在美洲等路线，特别是美国、加拿大、南美、英国、日本，适于发快件。

（3）一般2~4个工作日可送达，去美国的话，差不多48小时能送达。

（4）货物可送达全球200多个国家和地区，可以在线发货，在全球109个城市有上门取货服务。

（5）查询网站信息更新快，遇到问题能及时解决。

2. UPS的缺点

（1）运费较贵，要计算产品包装后体积重，适合发6~21千克或100千克以上货物。

（2）对托运物品的限制较为严格。

二、DHL

DHL是全球著名的邮递和物流集团Deutsche Post DHL旗下公司。1969年，DHL开设了他们的第一条从旧金山到檀香山的速递运输航线。目前，DHL可寄达220个国家及地区，有涵盖超过12万个目的地的网络。

（一）DHL的资费标准

DHL的资费标准详见其官网❶。DHL体积重量（千克）计算公式为：长（厘米）×宽（厘米）×高（厘米）÷5000，货物的实际重量和体积重量相比，二者中取较大者计费。

（二）DHL的参考时效

上网时效：参考时效从客户交货之后的第二天开始计算。1~2个工作日之后会有上网信息。

---

❶ DHL 中国官网：http://www.cn.dhl.com。

妥投时效：参考妥投时效为3~7个工作日（不包括清关时间，特殊情况除外）。

（三）DHL的跟踪查询

DHL在其官网提供全程跟踪查询，并可以查到签收时间和签收人。

（四）DHL的体积和重量限制

DHL对寄往大部分国家的包裹要求为：单件包裹的重量不超70千克，单件包裹的最长边不超过1.2米。但是部分国家的要求不同，具体以DHL官方网站公布的为准。

（五）DHL优缺点

1. 主要优点
（1）寄往西欧、北美有优势，适宜走小件，可送达国家网点比较多。
（2）一般2~4个工作日可送达，去欧洲一般3个工作日，到东南亚一般2个工作日。
（3）网站信息更新快，遇到问题能及时解决。

2. 主要缺点
（1）走小货价格较贵，DHL适合发5.5千克以上，或者介于21~100千克之间的货物。
（2）对托运物品的限制比较严格，拒收许多特殊商品。

三、FedEx

FedEx全称Federal Express，即联邦快递，隶属于美国联邦快递集团（FedEx Corp），为顾客和企业提供涵盖运输、电子商务和商业运作等一系列的全面服务。联邦快递的跨境电商物流业务分为两类：中国联邦快递优先型服务（International Priority/IP）和中国联邦快递经济型服务（International Economy/IE）。

（一）FedEx IP和FedEx IE

1. FedEx IP
（1）时效快，送达的时效为2~5个工作日。
（2）清关能力强，为全球超过200多个国家及地区提供快捷、可靠的快递服务。

2. FedEx IE
（1）价格更加优惠，相对于FedEx IP的价格更有优势。
（2）时效比较快，递送的时效一般为4~6个工作日，比FedEx IP通常慢1~3个工作日。

FedEx IE和FedEx IP由同样的团队进行清关处理，清关能力强，为全球超过90多个国家和地区提供快捷、可靠的快递服务。FedEx IE同FedEx IP享受同样的派送网络，只有很少部分国家的运输路线不同。

（二）FedEx的资费标准

联邦快递的资费标准以其官方网站[1]公布的为准。

（三）FedEx的体积重量限制

计算公式为：长（厘米）×宽（厘米）×高（厘米）÷5000，如果货物体积重量大于实际重量，则按体积重量计费。联邦快递单件最长边不能超过274厘米，最长边+其他两边长度的两倍不能超过330厘米；一票多件（其中每件都不超过68千克），单票的总重量不能超过300千克，超过300千克需提前预约；单件或者一票多件中单件包裹有超过68千克的，需提前预约。

（四）FedEx的跟踪查询

FedEx官网可跟踪查询物流信息。

（五）FedEx的主要优缺点

1. 主要优点

（1）适宜走21千克以上的大件，到南美洲有优势。
（2）网站信息更新快，遇到问题能及时解决。

2. 主要缺点

（1）价格较贵，需要考虑产品体积重量。
（2）对托运物品限制也比较严格。

四、TNT

TNT总部位于荷兰，是全球领先的快递服务提供商，为企业和个人提供快递和邮政服务。TNT提供世界范围内的包裹、文件以及货运项目的安全准时运送服务。

（一）TNT的资费标准

TNT快递的运费包括基本运费和燃油附加费两部分，其中燃油附加费每个月变动，以TNT网站[2]公布的数据为准。

（二）TNT的参考时效

一般货物在发货次日即可实现网上追踪，全程时效在3~5天，TNT经济型时效在5~7天。

---

[1] 联邦快递中国官网：https://www.fedex.com/zh-cn/home.html。
[2] TNT 中国官网：https://www.tnt.com/express/zh_cn/site/home.html。

（三）TNT的跟踪查询

可至TNT中国官网跟踪查询物流详情。

（四）TNT的体积重量限制

TNT快递对包裹的重量和体积限制为：单件包裹不能超过70千克，三条边分别不能超过2.40×1.50×1.20（单位：米），体积重量超过实际重量需按照体积重量计费，体积重量（千克）计算方法：长（厘米）×宽（厘米）×高（厘米）÷5000。

（五）主要优缺点

1. 主要优点

（1）速度快，通关能力强，提供报关代理服务。
（2）可免费、及时、准确地追踪查询货物，遇到问题反应及时，无偏远派送附加费。
（3）纺织品类大货到西欧、澳大利亚、新西兰有优势。
（4）可以通达沙特，但需要提供正版发票。

2. 主要缺点

（1）价格相对较高，且要计算体积重。
（2）对所运货物限制也比较多。

第三节　其他物流方式

一、海外仓

海外仓又称海外仓储，是指在跨境电商目的国预先租赁或建设仓库，通过国际物流预先把商品送达仓库，然后通过互联网销售商品，当接到顾客订单后从海外仓库进行发货与配送。

海外仓发货模式下，卖家只需在网上操作，及时通知国外仓库进行货品的分拣、包装、运送，提升了物流响应时间。同时，结合国外当地仓库的物流特点，可以确保货物安全、准确、及时、低成本地到达终端买家手中。

海外仓是跨境电商与跨境物流的一大突破。首先，它能够解决国际邮政小包和国际快递的一些痛点，如配送时间长、包裹不便全程追踪、清关障碍、退换货困难等问题；其次，它扩大了运输品类，并降低了物流费用；最后，因为以上优点给顾客带来的优质购物体验，促使更多的消费者二次购买，从而提升销售额。因此，近年来，诸多跨境电商平台纷纷租赁或自建海外仓，推出海外仓发货服务。

（一）海外仓物流方式的运作模式

卖家通过海运、空运或者快递等方式将商品集中运往海外仓储中心进行存储，并通过物流承运商的库存管理系统下达操作指令：

（1）卖家自己将商品运至海外仓储中心，或者委托承运商将货物发至承运商海外的仓库。这段国际货运可采用海运、空运或者快递方式到达仓库。

（2）卖家在线远程管理海外仓库。卖家使用物流商的物流信息系统，远程操作海外仓储的货物，并且保证实时更新。

（3）根据卖家指令进行货物操作。根据物流商海外仓储中心自动化流程来操作设备，严格按照卖家指定对货物进行仓储、分拣、包装、配送等操作。

（4）系统信息实时更新。发货完成后系统会及时更新，以显示库存状况，让卖家实时掌握。

（二）海外仓储的优势与劣势分析

对于跨境电商的卖家来说，要想获取更高的利润，物流是一个必须突破的瓶颈，而海外仓储模式正是突破瓶颈的有效手段。

1. 海外仓的优势

（1）更低的物流成本。卖家从海外本土直接发货给客户，相当于境内快递，较之从中国发往国外成本更低。

（2）更快的送货时效。头程运输解决了运输、报关、清关等复杂问题后，不必再担心仓库里的货物的报关、清关问题，收到订单即可随时发货。

（3）更好的仓储管理。海外仓库为卖家配备了最专业的管理人员，有效解决了仓库管理员的货物管理问题。

（4）更加方便的订单处理。订单和发货同步，实现自动化批量处理订单。

（5）库存管理及盘点更加清晰。系统自动显示当前销量及剩余库存，每笔订单的物流成本一目了然。

（6）自动高效的退货处理流程。由于各种原因导致的客户退货，直接退到海外仓储即可，免去了国内国外来回清关的成本、时间、弃货等各方面损失。

（7）帮助卖家拓展销售品类，解决"大而重"商品因物流问题带来的销售不便。

2. 海外仓储的劣势

（1）远程管理货物。因为所有仓库都在其他国家，卖家只能远程操作管理自己的仓储。在一定程度上，跨境卖家对海外仓储服务的信任程度是很关键的因素。同时，海外仓储在供应链管理、库存管控、动销管理等方面对卖家提出了更高的要求。

（2）仓储费用成本。卖家需要计算一下目前发货方式所需要的成本，再对比使用海外仓储的费用，尤其是所销售商品在淡季时候的仓储费用。如果一个月的订单量过少，在利润方面没有实际优势，那么就不太适合做海外仓储。成本问题永远是卖家考虑的首要因素，建议可以选择在所销售商品销售旺季时使用海外仓储。

（3）货物的销售性质。如果卖家的货物必须根据客户的要求生产，无法提前准备，那这类货物不适合做海外仓。库存周转快的热销单品最适合做海外仓储，否则容易压货。

二、专线物流

部分跨境电商平台除了和中国邮政、商业快递合作，还会搭建面向不同国家的专线。这里介绍几种常用的专线。

（一）航空专线——燕文

航空专线——燕文，英文称Special line-YW，俗称燕文专线，是北京燕文物流公司旗下的一项国际物流业务，即燕文航空挂号小包。目前，该服务可通达40个国家[1]，时效稳定，可全程追踪，在速卖通等跨境电商平台被广泛采用。

1. 燕文专线的资费标准

资费标准详情可查阅燕文官网[2]。计费方式为称重计费，按克收费；经济小包最低收费10克。

2. 燕文专线的参考时效

通常情况下，6～25个工作日可到达目的地。

3. 燕文专线的跟踪查询

全程可追踪，可在燕文官网或17Track网站查询。美国、加拿大、澳大利亚只有到目的国追踪信息，无妥投信息。

4. 燕文专线的体积重量限制

燕文专线的单件重量限制为2千克。方形包裹和圆柱形包裹均有最大和最小体积限制，见表5-3。

表5-3　燕文专线的体积重量限制表

包裹形状	重量限制	最大体积限制	最小体积限制
方形包裹	单件重量不超过2千克	长+宽+高≤90厘米，单边长度≤60厘米	至少有一面的长度≥14厘米，宽度≥9厘米
圆柱形包裹		圆柱体，最大长度不超过60厘米，并且长度+直径×2需小于90厘米	2倍直径及长度之和≥17厘米，单边长度≥10厘米

资料来源：http://www.yw56.com.cn/index.php?s=/product/detail/id/83.html。

---

[1] 普货40国：爱尔兰、爱沙尼亚、奥地利、澳大利亚、巴西、白俄罗斯、比利时、冰岛、波兰、丹麦、德国、俄罗斯、法国、芬兰、荷兰、加拿大、捷克、克罗地亚、拉脱维亚、立陶宛、美国、摩尔多瓦、墨西哥、挪威、葡萄牙、瑞典、瑞士、斯洛伐克、斯洛文尼亚、泰国、土耳其、乌克兰、西班牙、新西兰、匈牙利、以色列、意大利、印度、英国、智利。特货(可发固体类化妆品、内电物品，不可发配电、电池物品)30国：奥地利、比利时、波兰、荷兰、挪威、葡萄牙、瑞典、土耳其、匈牙利、意大利、英国、印度、以色列、西班牙、乌克兰、泰国、斯里兰卡、瑞士、南非、美国、加拿大、法国、俄罗斯、德国、丹麦、白俄罗斯、巴西、澳大利亚、希腊、新西兰。

[2] 燕文官网：http://www.yw56.com.cn。

（二）Ruston（俄速通）

Ruston，俗称俄速通，是由黑龙江俄速通国际物流有限公司针对跨境电商客户物流需求提供的中俄航空小包专线服务。俄速通跨境电商物流包括航空、陆运、铁运、海运全渠道物流方式，覆盖B2C和B2B的各种需求。对俄航空专线物流服务采用全货包机形式，时效高，渠道稳定，经济实惠；航空与陆运的组合运输方式，可发寄的商品基本涵盖了跨境电商主要商品品类，兼顾时效与成本的中欧班列铁路运输或海铁联运可以满足B2B贸易的各种需求。俄速通的渠道时效快速稳定，可提供全程物流跟踪服务，是速卖通等平台的主力对俄服务商，为全国超十万家的对俄跨境电商提供物流服务。

俄速通通过国内快速集货，在广州、深圳、上海、义乌、哈尔滨拥有集货仓，随后通过航空干线直飞俄罗斯，在俄罗斯通过俄罗斯邮政或当地落地配送实现快速配送，并提供从揽收到妥投的全轨迹实时信息跟踪查询（图5-1）。

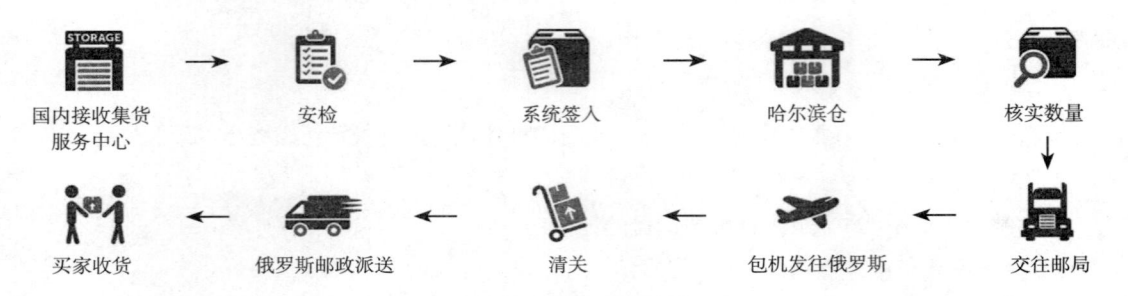

图 5-1 俄速通物流服务流程图
资料来源：http://www.ruston.cc/index/index/duie.html。

（三）Aramex

Aramex，在国内也称为"中东专线"，是发往中东地区的国际快递的重要渠道。Aramex是中东地区最知名的快递公司快递。2012年，Aramex与中外运成立中外运安迈世国际航空快递有限公司，提供一站式的跨境电商服务以及进出口中国的清关和派送服务。

Aramex服务目前支持中东、印度次大陆、东南亚、欧洲及非洲航线。目前在速卖通平台上支持的发货目的地有36个：阿联酋、印度、巴林、塞浦路斯、埃及、伊朗、约旦、科威特、黎巴嫩、阿曼、卡塔尔、沙特阿拉伯、土耳其、孟加拉、巴基斯坦、斯里兰卡、新加坡、马来西亚、印度尼西亚、泰国、肯尼亚、尼日利亚、加纳、以色列、利比亚、纳米比亚、赞比亚、南非、美国、澳大利亚、贝宁、埃塞俄比亚、毛里求斯、摩洛哥、莫桑比克、坦桑尼亚，且均为全境服务。

Aramex具有在中东地区清关速度快、时效高、覆盖面广、经济优惠的特点，寄往中东、北非、南亚等国家和地区具有显著的价格优势，包裹寄出后大部分3～5天就可以投递，时效有保障。发货人可以在Aramex官网[1]跟踪查询包裹最新动态。

---

[1] Aramex 官网：https://www.aramex.com/zh/home。

第四节 跨境电商平台的物流服务

线下发货是传统的物流方式，无须做过多解释。随着跨境电商的迅速发展，很多电商平台整合物流资源，推出线上发货的跨境物流综合服务，极大地便利了跨境交易的实现。本节主要介绍速卖通和敦煌网两大平台的线上物流服务。

一、速卖通的物流发货服务

（一）速卖通物流服务体系

速卖通物流服务体系是速卖通和菜鸟网络联合多家第三方物流企业推出的多样化物流服务解决方案，包括"无忧物流""线上发货"和"海外仓"三种服务[1]。"无忧物流"是菜鸟网络与速卖通联合推出的官方物流，提供揽收、配送、物流追踪、物流纠纷处理、赔付一站式物流解决方案。"线上发货"是指第三方物流商入驻速卖通平台提供物流服务，速卖通平台作为第三方全程监督物流商服务质量，保障卖家权益。"海外仓"是指卖家备货到海外仓库，出单后直接从海外当地仓库发货。海外仓发货可有效缩短物品寄送时间，提升买家满意度，同时还可以有效解决大货和重货的物流问题，解决卖家拓展商品品类的瓶颈。依靠这套物流服务体系，速卖通为卖家提供了解决跨境物流问题的多样选择，为跨境交易的货物交付提供了便利，为交易的顺利实现提供了保障。

1. 无忧物流

作为速卖通官方物流，"无忧物流"服务具有渠道稳定时效快、运费优惠、操作简单、平台承担售后、纠纷赔付等优势，具体如图5-2所示。

图 5-2　速卖通"无忧物流"优势

资料来源：https://sell.aliexpress.com/zh/__pc/shipping/aliexpress_shipping.htm?spm=5261.8115697.2336.2.5b1e489bJoKJZ9。

---

[1] 阿里巴巴全球速卖通在线交易平台：https://sell.aliexpress.com/zh/__pc/shipping/index.htm?spm=5261.11333555.100.15.7b9d27c4DOmIIH。

无忧物流服务下,有"简易""标准""优先"三种物流方案可供选择,具体详见表5-4。

表5-4 速卖通"无忧物流"方案比较

比较类目	无忧物流—简易 (Saver Shipping)	无忧物流—标准 (Standard Shipping)	无忧物流—优先 (Premium Shipping)
预估时效	15~20天	核心国家15~35天	核心国家4~10天
物流信息	可查询包含买家签收在内的关键环节物流追踪信息	全程可跟踪(部分特殊国家除外)	全程可跟踪
赔付上限	物流原因导致的纠纷退款由平台承担,上限35元	物流原因导致的纠纷退款由平台承担,上限800元	物流原因导致的纠纷退款由平台承担,上限1200元
品类限制	只支持寄送普通货物,不支持带电、纯电及化妆品	可寄送普货、带电、非液体化妆品,不支持纯电及液体粉末	只支持寄送普通货物,不支持带电、纯电及化妆品

资料来源:https://sell.aliexpress.com/zh/__pc/shipping/aliexpress_shipping.htm?spm=5261.8115697.2336.2.5b1e489bJoKJZ9。

选择"无忧物流"服务,卖家可方便地进行在线发货。在接到商品订单后,卖家可在线创建物流订单,然后将货物发送至速卖通国内中转仓库,再由无忧物流负责将货物发送至国外收货人所在地。卖家可查询物流信息,并在发生纠纷时获得赔付,十分便利(图5-3)。

图 5-3 速卖通无忧物流使用流程

注 DSR指物品运送时间平均分。各项具体规定可查阅www.sell.aliexpress.com。
资料来源:https://sell.aliexpress.com/zh/__pc/shipping/aliexpress_shipping.htm?spm=5261.8115697.2336.2.5b1e489bJoKJZ9。

此外,速卖通还通过集货合单升级物流方式(借助集运系统进行集货合单操作,将跨境邮政小包升级为商业快递),为速卖通卖家提供国内揽收、集货仓集货、国际配送、物流详情追踪,以及由平台进行物流纠纷处理、售后赔付一站式的集运物流解决方案。该方案称为"无忧集货",目前运送范围为阿拉伯联合酋长国和沙特阿拉伯两国,平均时效15~23天。针对该线路,速卖通提供了买家在线支付和货到付款(Cash on Delivery,COD)两种服务。另外,速卖通在俄罗斯还开通了"无忧物流—自提"的物流看看方案,针对能够放入自提柜中的包裹。该方案目前运送范围为俄罗斯本土66个州,183个城市的约800个自提柜,15~20天左右可以实现俄罗斯大部分地区妥投。

2. 线上发货

除"无忧物流"可以提供在线发货服务外,一些入驻速卖通平台的第三方物流商提供的物流服务也可以在速卖通平台上实现在线发货,这类服务直接被称为"线上发货"服务。"线上发货"服务有多种物流方案可供选择,分为"经济类""简易类""标准类"和"快速类"(表

5-5）。经济类物流方案的运费成本低，但目的国包裹妥投信息不可查询，适合运送货值低、重量轻的商品，且仅允许使用线上发货。简易类物流方案为邮政简易挂号服务，可查询包含妥投或买家签收在内的关键环节物流追踪信息。标准类物流方案包含邮政挂号服务和专线类服务，全程物流追踪信息可查询（特殊国家除外）。快速类物流方案包含商业快递和邮政提供的快递服务，时效快，全程物流追踪信息可查询，适合高货值商品使用。

表5-5 速卖通"线上发货"服务物流方案列表

物流服务等级	线路名称（英文）	线路名称（中文）
经济	Cainiao Super Economy	菜鸟超级经济
经济	Cainiao Super Economy for Special Goods	菜鸟特货专线—超级经济
经济	Cainiao Expedited Economy	菜鸟专线经济
经济	China Post Ordinary Small Packet Plus	中国邮政平常小包+
经济	Correos Economy	中外运—西邮经济小包
经济	SF Economic Air Mail	顺丰国际经济小包
经济	SunYou Economic Air Mail	菜鸟超级经济—顺友
经济	Yanwen Economic Air Mail	菜鸟超级经济—燕文
经济	4PX Singapore Post OM Pro	4PX新邮经济小包
简易	Cainiao Saver Shipping For Special Goods	菜鸟特货专线—简易
标准	Aramex	中东专线
标准	Cainiao Heavy Parcel Line	菜鸟大包专线
标准	Cainiao Standard For Special Goods	菜鸟特货专线—标准
标准	China Post Registered Air Mail	中国邮政挂号小包
标准	ePacket	e邮宝
标准	Posti Finland	芬兰邮政挂号小包
标准	Singapore Post	新加坡邮政挂号小包
标准	Special Line-YW	燕文航空挂号小包
快速	DPEX	DPEX
快速	EMS	EMS
快速	e-EMS	E特快
快速	Fedex IE	Fedex IE
快速	Fedex IP	Fedex IP
快速	GATI	GATI
快速	SF Express	顺丰速运
快速	TNT	TNT
快速	UPS Expedited	UPS全球快捷
快速	UPS Express Saver	UPS全球速快

注 不同物流方案的运送范围、订单金额重量限制及物流时效承诺等信息可查阅速卖通卖家平台关于各方案的具体说明。
资料来源：https://sale.aliexpress.com/zh/__pc/seller/shipping_methods_list.htm?spm=5261.12560891.0.0.19ab7607RYZZtF。

速卖通卖家可在速卖通卖家平台[1]根据收货地和具体的货物信息与包裹信息便捷地查询可选择的物流方案及试算运费与时效等物流服务信息。货物信息包括货物类型（分为四类：普通货物；带电货物，如手机、电子表；纯电货物，如充电宝；液体货物，如指甲油）和货物价值。包裹信息指包裹的重量、长度、宽度和高度。图5-4所示为输入相应的信息（普通货物；价值3美元；包裹重0.8千克，长30厘米，宽25厘米，高10厘米）后查询返回的物流方案的部分结果。

*收货地：Russian Federation　*发货地：China

*物流方案：全选 显示全部方案

货物类型：普通货物　货物价值：3 美金

包裹信息：重 0.8 KG　长 30 CM　宽 25 CM　高 10 CM

查询物流方案

方案查询结果　　前往设置运费模版

服务名称	全部类型	推荐指数	时效	未收到货物纠纷率	DSR物流	试算运费	更多信息
菜鸟专线经济 平台推荐	经济	69	50～60天	低于平均2%	低于平均0%	CNY107.80	支持线上发货 不支持带电,纯电,液体包裹
AliExpress 无忧物流-标准	标准	75	29～51天	低于平均60%	高于平均3%	CNY54.90	支持线上发货 重量 <30KG 不支持纯电,液体包裹
AliExpress 无忧物流-优先	快速	74	23～39天	低于平均39%	高于平均3%	CNY76.20	支持线上发货 订单金额 <600美金 重量 <69KG 不支持带电,纯电,液体包裹
菜鸟特货专线-标准	标准	74	39～53天	低于平均63%	低于平均0%	CNY58.84	支持线上发货 不支持带电,纯电,液体包裹
e邮宝	标准	72	35～56天	低于平均40%	高于平均1%	CNY61.00	支持线上发货 重量 <2KG 不支持带电,纯电,液体包裹
EMS	快速	69	41～80天	高于平均10%	高于平均2%	CNY164.00	支持线上发货 重量 <30KG 不支持带电,纯电,液体包裹
菜鸟大包专线	标准	68	40～50天	高于平均40%	低于平均7%	CNY59.30	支持线上发货 不支持带电,纯电,液体包裹
菜鸟超级经济	经济	68	59～62天	高于平均24%	低于平均2%	CNY96.49	支持线上发货 不支持带电,纯电,液体包裹
中国邮政挂号小包	标准	68	50～60天	高于平均143%	低于平均3%	CNY65.80	支持线上发货 重量 <2KG 不支持带电,纯电,液体包裹
中国邮政平常小包+	经济	67	60～60天	高于平均69%	低于平均4%	CNY46.04	支持线上发货 订单金额 <5美金 重量 <2KG 不支持带电,纯电,液体包裹
菜鸟特货专线-超级经济	经济	66	60～70天	高于平均62%	低于平均6%	CNY96.25	支持线上发货 不支持带电,纯电,液体包裹
Aliexpress无忧物流-自提	快速	-	-	-	-	CNY54.84	支持线上发货 不支持带电,纯电,液体包裹
菜鸟保税出口-标准	标准	-	-	-	-	CNY93.60	不支持带电,纯电,液体包裹
E特快	快速	-	-	-	-	CNY120.00	支持线上发货 重量 <30KG 不支持带电,纯电,液体包裹
Aliexpress无忧物流-简易	经济	-	-	-	-	CNY81.47	支持线上发货 不支持带电,纯电,液体包裹
菜鸟特货专线-简易	经济	-	-	-	-	CNY80.60	支持线上发货 不支持带电,纯电,液体包裹
中邮e邮宝	标准	-	-	-	-	CNY61.00	支持线上发货 不支持带电,纯电,液体包裹

图 5-4　速卖通物流方案查询示例

注　试算运费是根据包裹信息计算得出的参考运费，实际运费以物流商计算为准；时效是50% ～80%包裹妥投需要的时间；未收到货物纠纷率计算公式为：（买家因未收到货物提起退款订单数–买家主动撤销退款的订单数）/（买家确认收货+确认收货超时+买家提起退款的订单数）；物流DSR是物品运送时间（Shipping Speed）的平均分。推荐指数根据物流时效、未收到货物纠纷率、物流DSR、跟踪信息完整度综合计算得出，分数越高，物流体验越好。

[1] 全球速卖通：https: //www. sell. aliexpress. com。

速卖通卖家使用"线上发货",可直接在速卖通后台在线选择物流方案,由物流商上门揽收(或卖家自行寄至物流商仓库),发货到国外。卖家可在线支付运费并在线发起物流维权,阿里巴巴作为第三方全程监督物流商的服务质量,保障卖家权益(图5-5)。

接到订单 → 在线选择物流方案 → 交货给物流商 → 在线支付运费 → 物流商发货

图 5-5　速卖通线上发货使用流程

3. 海外仓

速卖通目前已开通二十多个国家的海外仓发货权限,包括美国、英国、德国、西班牙、法国、意大利、俄罗斯、澳大利亚、印尼、智利、巴西、捷克、土耳其、越南、匈牙利、乌克兰、阿联酋、以色列、南非、尼日利亚、波兰、沙特阿拉伯、加纳和肯尼亚。所有已备货到海外仓的货物使用海外当地物流服务进行运送。海外仓能够缩短物流时间并拓宽可运送的货品种类,提升买家的满意度。同时,速卖通对海外仓商家也会提供一些营销活动的支持。

目前,除西班牙和法国的几个海外仓外,大部分海外仓物流不支持在线发货。

(二)速卖通在线发货流程

在速卖通平台上进行在线发货十分便利。"无忧物流"和"线上发货"两种服务下,在线发货步骤与图5-6基本相同。

1. 登陆速卖通卖家后台,选择线上发货

卖家首先进入交易订单管理页面,选择"线上发货",进入物流方案选择页面。

2. 选择物流方案

速卖通提供多种物流方案。卖家选择某一特定方案后,系统会显示参考运输时效和试算运费。当卖家选择的物流服务与买家下单的服务不一致时,系统会提示确认。卖家选择完物流方案后,开始创建物流订单。

图 5-6　速卖通线上发货入口

注　本部分所有图片均来自速卖通官网,以下不再注明。

3. 确认商品信息和发件信息

创建物流订单时，卖家需确认商品名称、申报重量、产品体积、申报金额和发货件数，并确认包裹内商品是否含电池以及液体类化妆品等，同时还需确认发件信息作为海关申报使用。

4. 选择货物到仓方案

货物到仓方案有免费上门揽收和自送至仓库两种，卖家可填写具体正确的揽收地址等待揽收商上门揽收，或自送至中转仓库。

5. 选择海外退件的处理方式

对于无法投递的包裹，有两种处理方式：退回和销毁。卖家根据自身需要进行选择。如卖方选择了速卖通无忧物流服务，选择"退回"时，每单会收取固定金额的退件服务费，一旦发生目的国无法投递的情况，不再收取退回运费；如选择"销毁"，则不产生退件服务费，包裹免费予以销毁。选择完毕后，卖方即可提交发货。

6. 打印发货标签

物流订单创建完毕后，卖家需打印和粘贴发货标签，同时打印订单详情放入包裹内，一同寄送到仓库。发货标签包含包裹的国际运单号、买家信息以及卖家基本信息。

7. 填写发货通知

卖家完成国内物流发货后，需要填写发货通知，包括填写使用的物流方案以及国际运单号，以避免因物流方式选择错误而影响物流信息追踪。

8. 查询订单物流信息

国内中转仓库收到包裹后，进行称重计算运费，系统自动从卖家绑定的支付宝账户进行扣款，卖家可凭国际运单号查询订单的物流相关信息。

二、敦煌网的物流发货服务

（一）敦煌网物流服务体系

敦煌网的物流服务分为三类：DHLink发货、线上发货和海外仓发货。"DHLink发货"是敦煌网推出的国际物流运输平台——DHlink综合物流平台提供的物流服务，可以实现线上发货，免费上门揽收，全程物流跟踪，并提供物流保险做保障。"线上发货"是敦煌网联合第三方物流商推出的在线发货解决方案，提供免费上门揽收、全程物流跟踪和纠纷赔付服务。"海外仓发货"是敦煌网结合平台大数据，分析海外仓市场使用习惯，为电商卖家量身打造的海外仓解决方案。

1. DHLink平台发货

DHLink平台发货是敦煌网联合第三方快递物流及货运代理公司，为卖家推出的仓库发货物流服务，即卖家在线填写发货预报，线下发货至合作仓库，并在线支付运费，即可完成国际物流发货（图5-7）。DHLink发货是敦煌网在在线发货基础上，联合各快递、专线物流服务商，为卖家应对国际物流的复杂性及高成本而创建的综合物流平台。

在线填写发货申请 → 线下发货到合作仓库 → 在线支付国际运费 → DHLink仓库发货 → 买家收到货品

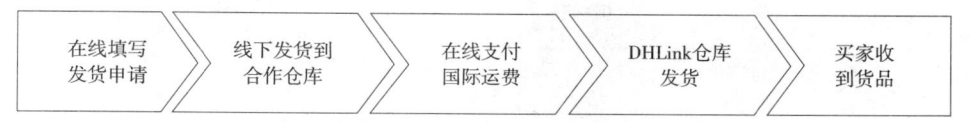

图 5-7 敦煌网 DHLink 仓库发货使用流程

2. 线上发货

敦煌线上发货渠道目前支持e邮宝、顺丰、邮政小包、四大快递类线路（表5-6），各种方式的运送范围、时效、特点等详情可在敦煌网卖家平台进行查询。

表5-6 敦煌网线上发货物流方案列表

类型	物流方式	运输时效	支持交运方式	渠道优势
标准物流	莆田ePacket	7~20个工作日	莆田免费上门揽收或卖家自送	一件起免费上门揽收，莆田及福建地区鞋类只能通过莆田仓出运
	燕文ePacket	7~20个工作日	燕文免费上门揽收或卖家自送	一件起免费上门揽收，揽收区域广
	顺丰小包	7~12个工作日	顺丰免费上门揽收	一件起免费上门揽收，旺季不爆仓；时效有保障
	顺丰快递	3~7个工作日	卖家自送深圳仓库	美线全公斤段，当天提取，无燃油附加费
标准物流	Aramex中东专线	3~7个工作日	卖家自送广州仓库	中东专线。无燃油附加费
	DPEX-锂电池	3~7个工作日	卖家自送深圳仓库	锂电池专线
	DPEX澳洲专线	3~7个工作日	卖家自送深圳仓库	澳大利亚、新西兰，快件清关
	UBI专线	5~10个工作日	卖家自送深圳仓库	澳大利亚、新西兰，澳邮派送网络。无燃油附加费
	UBI俄罗斯专线	5~10个工作日	卖家自送深圳仓库	俄罗斯专线，无燃油附加费
优质物流	DHL-HK（香港DHL）	3~8个工作日	卖家自送深圳仓库	美线，可发带电产品
	FEDEX_IE（FedEx经济型）	4~9个工作日	卖家自送广州、惠州仓库	美线10~100千克，正常情况下当天提取；旺季有排仓情况
	FEDEX_IP（FedEx优先型）	3~8个工作日	卖家自送广州、惠州仓库	美线10~100千克，正常情况下当天提取；旺季有排仓情况
	DHL-Online Shipping（DHL经济型）	3~7个工作日	卖家自送上海仓库	美国0.5~2千克，时效快，服务稳定
	TNT Global express（TNT全球）	3~8个工作日	卖家自送广州仓库	欧洲全公斤段，第二天提取
	TNT Global express（TNT经济）	4~12个工作日	卖家自送广州仓库	欧洲全公斤段，第二天提取
	UPS（UPS红单）	2~4个工作日	卖家自送广州仓库	优势价格 美线5~100千克，3~4天；广州直飞，可保证仓位
	FEDEX_IP（电子烟特快专线）	2~4个工作日	卖家自送广州仓库	美加墨21千克以上，广州直飞

续表

类型	物流方式	运输时效	支持交运方式	渠道优势
优质物流	香港DHL快递	3~7个工作日	卖家自送香港仓库	香港货仓渠道，可接带电产品
	香港联邦IE	3~8个工作日	卖家自送香港仓库	香港货仓渠道，可接带电产品
敦煌极速达	敦煌美国专线	5~8个工作日	卖家自送深圳仓库	空运+清关派送、无燃油、价格优势明显
	敦煌极速达	3~5个工作日	卖家自送广州仓库	优质服务，时效优势，价格稳定
	敦煌优速达	3~5个工作日	卖家自送深圳仓库	优质服务，时效优势，可发带电产品

资料来源：http://seller.dhgate.com/promotion/448-seller-lp.html。

线上发货的基本使用流程是卖家在线进行发货申请，由物流商上门揽收或卖家自送至指定仓库，卖家通过敦煌网平台支付运费后，包裹出库，运送至国外买家（图5-8）。

图5-8　敦煌网线上发货使用流程

资料来源：http://seller.dhgate.com/logistics/intro/detail.do?ship=SF&v=1566690538225。

3. 海外仓发货

海外仓物流模式涉及三个阶段：

（1）头程运输：卖家通过海运、空运、陆运或者联运将商品运送至海外仓库（产生头程运费）。

（2）仓储管理：卖家通过物流信息系统，远程操作海外仓储货物，实时管理库存（产生仓储费、出入库费）。

（3）当地配送：海外仓储中心根据订单信息，通过当地邮政或快递将商品运送至买家（产生当地尾程运费）。

海外仓物流模式下，货品批量发出，单位商品的运费成本大大降低（相当于跨境快递费用的1/3[1]）；卖家收到买家订单后操作商品自海外仓出库，实现当地发货，1~4天左右妥投，物流时效大大提高。具体物流流程如图5-9所示。

---

[1] 敦煌网：https://seller.dhgate.com/help/c7504/181601.html。

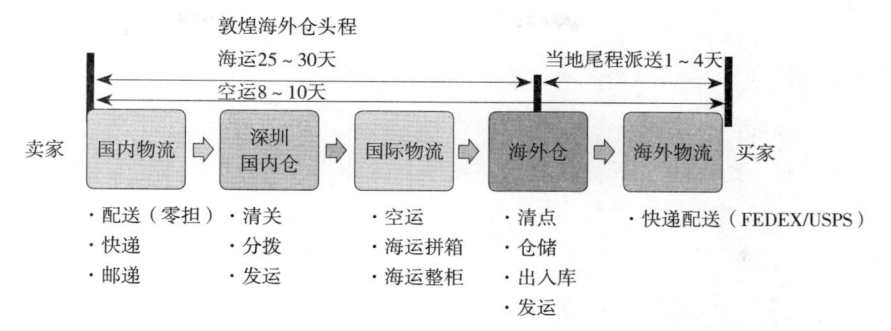

图 5-9 敦煌网海外仓物流流程

（二）敦煌网在线发货流程

卖家通过线上申请，线下发货的方式，简化了物流发货流程。在线发货分为两种运输方式："国际e邮宝"和"DHLink发货"。

1. 国际e邮宝使用流程

国际e邮宝发货基本流程由申请在线发货（国际e邮宝发货）、打印运单标签以及报关清单、交运及支付运费三个步骤。

第一步，在线申请国际e邮宝发货。

（1）选择需要使用国际e邮宝发货的订单，点击"立即发货"。

（2）在发货方式页面选择国际E邮宝。

第二步，填写发货信息。

国际e邮宝提供上门揽货和自送邮局两种交运方式。

（1）如选择"上门揽收"，填写揽收地址。

（2）如需修改收货地址，升级的E邮宝允许部分修改。

（3）如选择"卖家自送"，可查看"卖家自送网点"。

（4）填写发货信息——货物信息，用于申报清单的生成。需要注意的是，如货物超出了国际e邮宝的限重2千克，可选择在线发货中的"仓库发货"或其他物流方式，或勾选订单中的部分商品，进行拆分发货。商品总数量填写商品的总件数；商品总重量填写商品总件数的总重量；申报总价值填写商品总件数的申报价值。确认无误后提交发货信息，系统会自动生成一个物流编号，用于查询。

第三步，打印运单标签以及申报清单。

（1）成功申请国际e邮宝发货后，可查看并打印及粘贴运单标签。

（2）交运及付费：根据所选择的交运方式，邮政人员上门揽收货物以及申报清单或者由卖家自送到邮政指定网点。

国际e邮宝运费由邮政人员揽收货物时收取，或者卖家自送时付费；邮政大客户可月结。

邮政揽收货物后，将国际单号回填至订单，订单状态更新至"卖家已发货"。

2. DHLink使用流程

（1）选择需要使用DHLink发货的订单，点击"立即发货"。

（2）选择敦煌物流线下发货。

（3）页面跳转至DHLink，设置包裹重量和体积，计算运费，选择物流方式。

（4）确认发货申请并将包裹发至指定国内仓库。

（5）填写国内物流信息。

①选择国内物流并填写国内运单号，同时补全发货订单信息。

②填写商品信息。

③发货申请完成。

（6）支付运费：国内仓库收到货后，订单状态变为"等待支付运费"，卖家即可进行在线支付。DHLink平台支持"余额支付"或者"支付宝在线支付"。运费成功支付后，订单状态将切换为"发货已完成"。

（7）回填国际运单号，完成发货。在仓库返回国际运单号之后，点击"填写发货记录"，回填国际运单号以完成发货。

（8）物流查询。对已经发出的订单，进行物流信息跟踪查询。

第五节　海关清关

清关是指在口岸海关进行的申报、海关查验、缴税、海关放行等一系列程序的统称。清关即结关，习惯上又称通关。货物自本国出口，需要经过出口清关流程；货物到达目的地，需要经过进口国海关的通关流程。

一、出口清关

海关对货物的监管和统计分为不同的贸易模式，采用不同的海关监管方式代码。当前，我国出口电商采取的报关模式包括与传统贸易一致的一般报关模式和专门适用于跨境电商出口的特殊报关模式。

（一）一般报关模式

1. "0110一般贸易"模式

"0110一般贸易"模式是最通用的出口报关模式，也适用于跨境电商。"0110一般贸易"模式的特点是先清关后出境，每单必报。跨境电商采用的海外仓物流模式，即跨境电商平台统一代理境内卖家提前将货物清关备货到海外仓，待海外买家下单后直接从海外仓发货的模式，实际上就采用一般贸易通关模式。除海外仓发货外,大量跨境电商出口具有订单小、货值低、订单零散、发货频次高等特点,因此,"0110一般贸易"的报关模式并不完全适合跨境电商出口的通关需求。

2. 快件出口并报关模式

快件出口并报关模式是指出口电商委托物流公司以邮包、快件的物流方式寄出货物,并以物流公司名义统一打包报关。这是目前出口跨境电商的主流报关操作模式。

根据海关总署2018年《关于升级新版快件通关管理系统相关事宜的公告》,仅价值在5000元人民币及以下的货物,即低值货物类(C类)快件,且不涉及许可证件管制的、不需要办理出口退税、出口收汇或者进口付汇、不需要检验检疫的货物才可通过快件报关的方式出口。

这类报关模式受货物价值的限制,且因报关中未体现实际跨境电商出口人,因此无法办理结汇手续及出口退税,对长期和从事较大规模跨境电商出口的企业来说存在一定弊端。

3. "1039市场采购"模式

"1039市场采购"模式是指从浙江省义乌市市场集聚区等试点地区❶市场内采购出口的商品采用的报关方式。市场采购贸易方式是指由符合条件的经营者在经国家商务主管等部门认定的市场集聚区内采购的、单票报关单商品货值15万(含15万)美元以下、并在采购地办理出口商品通关手续的贸易方式。为适应小商品出口多、杂的特点,以市场采购方式出口的商品,每票报关单随附的商品清单所列品种在10种以上的可简化申报。适用简化申报措施的商品,对外贸易经营者及其代理人在向海关申报时应当提交市场采购贸易出口商品清单。

严格来说,上述三种模式并不是跨境电商平台特有的出口报关模式,而是跨境出口电商采用了一般的出口报关方式,比较适合大额少单的跨境B2B出口业务。

(二)特殊报关模式

特殊报关模式是专门适用于电商平台跨境交易的通关模式,包括"9610电子商务"和"1210保税电商"两种模式。

"9610电子商务"全称"跨境贸易电子商务",适用于境内个人或电子商务企业通过电子商务交易平台实现交易,并采用"清单核放、汇总申报"模式办理通关手续的电子商务零售进出口商品(通过海关特殊监管区域或保税监管场所一线的电子商务零售进出口商品除外)。

"1210保税电商"全称"保税跨境贸易电子商务",适用于境内个人或电子商务企业在经海关认可的电子商务平台实现跨境交易,并通过海关特殊监管区域或保税监管场所进出的电子商务零售进出境商品[海关特殊监管区域、保税监管场所与境内区外(场所外)之间通过电子商务平台交易的零售进出口商品不适用该监管方式]。

---

❶ 目前试点地区包括:义乌市市场集聚区(范围为义乌国际小商品城、义乌市区各专业市场和专业街)(2014年);江苏省海门叠石桥国际家纺城、浙江省海宁皮革城(2015年);江苏常熟服装城、广州花都皮革皮具市场、山东临沂商城工程物资市场、武汉汉口北国际商品交易中心、河北白沟箱包市场(2016年);温州(鹿城)轻工产品交易中心、泉州石狮服装城、湖南高桥大市场、亚洲国际家具材料交易中心、中山市利和灯博中心、成都国际商贸城(2018年)。

2018年12月10日，海关总署发布《关于跨境电子商务零售进出口商品有关监管事宜的公告》（2019年1月1日起施行，参见附录五），对跨境电子商务零售进出口商品的通关管理做出明确规定，要求跨境电子商务零售出口商品申报前，跨境电子商务企业或其代理人、物流企业应当分别通过国际贸易"单一窗口"或跨境电子商务通关服务平台向海关传输交易、收款、物流等电子信息，并对数据真实性承担相应法律责任。跨境电子商务零售商品出口时，跨境电子商务企业或其代理人应提交《申报清单》，采取"清单核放、汇总申报"方式办理报关手续；跨境电子商务综合试验区内符合条件的跨境电子商务零售商品出口，可采取"清单核放、汇总统计"方式办理报关手续。《申报清单》与《中华人民共和国海关进（出）口货物报关单》具有同等法律效力。跨境电子商务零售商品出口后，跨境电子商务企业或其代理人应当于每月15日前（当月15日是法定节假日或者法定休息日的，顺延至其后的第一个工作日），将上月结关的《申报清单》依据清单表头同一收发货人、同一运输方式、同一生产销售单位、同一运抵国、同一出境关别，以及清单表体同一最终目的国、同一10位海关商品编码、同一币制的规则进行归并，汇总形成《中华人民共和国海关出口货物报关单》向海关申报。

"9610跨境电商"和"1210保税电商"模式的特点是：电子商务企业、监管场所经营企业、支付企业和物流企业按规定向海关备案，并通过电子商务平台实时传送交易、支付、仓储和物流等数据，海关通过核对出口贸易的交易、支付和物流信息确定卖家、收发货人和收款人三者统一，据以核放出口，解决了必须先通关后出境、每单必报、海关及外汇统计数据有误差等问题。

二、目的地清关

货物在到达目的地海关后，进口国到达口岸的海关会对包裹进行查验和征税，确定没有问题后予以放行。

各进口国海关有不同的海关管理规定和不同的清关要求，有些国家，如巴西、俄罗斯、印尼、阿根廷等国的清关可能出现不同程度的延误，出口电商卖家要备注和说明清关可能遇到的问题，在与客户达成一致后再进行发货。针对不同进口国的清关要求，卖家应有一定的了解，以避免不必要的损失。

一般来说，发生海关扣关可能因为以下几点原因：

（1）货物被征税，买家不愿意清关。
（2）货物属于进口国违禁品，或者是假货、仿货。
（3）进口国限制货物的进口。
（4）卖家无法出具进口国需要的卖家应提供的相关文件。
（5）买家无法出具进口国需要的买家应提供的相关文件。

如因被征税而买家不愿支付税款而导致货物扣关，卖家可与买家协商处理。如果进口国对货物征税有严格要求，卖家应事先与买家商定如出现征税情况由谁承担责任；如事先未协商一致，买家又不愿意缴税，卖家可以做出一定的让步，如双方各自承担一半，或给买家优惠券等形式。对于无法协商一致的情况,卖家应尽量保留买家不愿清关的证据,为应对纠纷提供信息。

针对清关失败的情况,不同国家海关的处理也有所差异。如俄罗斯不接受弃件处理,目的地清关失败后快件会被安排到付退回,退回的费用由发件人承担;巴西不接受无费用弃件,目的地清关失败后,如果发件人选择弃件,则需要支付每票至少50欧元的弃件费,否则会被安排到付退回。

综合考虑,如果清关失败,则无论货物被退回还是弃件,卖家都需要承担额外的费用,所以卖家应尽量争取买家的配合以完成清关。

思考题

1. 如果你在速卖通平台经营男装,选择任一国家作为目标市场,评估针对该市场的不同物流方案。

2. 阐述不同出口清关模式的特点与适用情境。

专业实践

跨境电商支付结算

课程内容： 介绍跨境电商常用的支付工具及各自的优缺点；对跨境电商出口收款及结汇的方式进行说明；总结我国跨境电商支付结算相关政策。

课程学时： 6学时

课程要求： 要求学生掌握常用的几种跨境电商支付工具，特别是第三方支付平台在跨境电商收付款中的作用；要求学生理解和掌握不同的跨境电商出口收款及结汇方式，同时了解我国关于跨境电商支付结算出台的相关政策。

第六章　跨境电商支付结算

跨境支付结算是指通过一定的结算工具和支付系统对于因贸易或投资发生的资金实现两个或两个以上国家或地区之间的转移。这种资金转移需要面对不同国家或地区的经济、法律制度差异，涉及电商平台、消费者、银行以及境内外支付机构等多个主体，并面临汇率波动、外汇管制等各类难题，相较于国内支付来说复杂许多。

第一节　跨境电商支付工具

跨境支付场景主要包括跨境网络消费、跨境转账汇款和境外线下消费三方面。其中，跨境转账汇款途径主要包括第三方支付平台、商业银行和专业汇款公司三种；境外线下消费途径主要有信用卡或借记卡刷卡、外币现金和人民币现金；跨境网络消费途径较多，有第三方支付平台、信用卡在线支付、电子汇款等。本节介绍跨境电商所涉及的跨境网络消费主要支付工具。

一、电子汇款

1. 银行电汇

银行电汇（T/T，Telegraphic Transfer）是通过电报办理汇款，即汇款人将一定款项交存汇款银行，汇款银行通过电报或电传指示目的地的分行或代理行（汇入行）向收款人支付一定金额的一种汇款方式。

（1）适用范围：电汇是传统的B2B付款方式，是大额跨境电商中使用最多的支付方式。

（2）费用：电汇银行手续费一般为三部分：一是付款人付款行为产生的手续费；二是中转行的手续费；三是收款人收款行的手续费。各个银行收取的手续费有所不同，款项到账时间也有差异，因此最好选择同行且联网的银行电汇，以缩短到账时间。

（3）优点：收款迅速，先收款后发货，保证商家利益不受损失。

（4）缺点：买方需要先付款，易产生不信任感，因而客户群体小，限制商家的交易量；汇款金额较大时，手续费高。

2. 西联汇款

西联汇款，全称西联国际汇款公司，是世界领先的汇款公司，拥有150年历史。西联汇款代理网点遍布全球200多个国家和地区，不论收款人是否已经在银行开立账户，都可以完成汇款。西联汇款较适合10000美元以下的货款支付，欧洲和美国客户对西联汇款接受度较高。

（1）查询和取款：跨境电商卖家可以拨打西联公司在中国区的800免费查询电话查询款项到达情况。电话查询需提供汇款监控号码MTCN、汇款人国家、汇款人全名、汇款币种、金额、收款人全名，如以上所有信息核对无误，即可去西联合作伙伴银行取款。西联官网也提供汇款查询服务，在"Track a Transfer（追踪汇款）"页面中，输入汇款监控号码MTCN和汇款人姓名，如果汇款已经到达，系统会提示"Available for pick up!（汇款可取）"。

如确定汇款已经可以提取，卖家可以直接前往合作网点。取款需携带以下信息：汇款人姓名（包括姓、中间名和名）、汇款国家/地区、汇款金额、汇款监控号码（MTCN）和带有照片的身份证明。中国邮政储蓄银行是西联公司在中国业务量最多的合作伙伴，在各大城市设立有专门的西联业务旗舰店，具有其他合作银行不具备的优势。

（2）优点：手续费由买家承担，节省卖家成本；可先提款再发货，安全性好；到账速度快。

（3）缺点：汇款手续费按笔收取，对于小额汇款手续费高；买家可能因需要先付款，对卖方缺乏信任，而放弃交易；在卖家未取款时，买家可将汇款撤回。

3. 速汇金（MoneyGram）

速汇金是一家与西联相似的汇款机构。速汇金业务，是一种个人间的环球快速汇款业务，具有快捷便利的特点。速汇金在国内的合作伙伴包括中国银行、中国工商银行、中国邮政储蓄银行、交通银行等多家银行。

（1）优点：速汇金具有汇款速度快和收费合理的优势。速汇金在全球范围内有35万家代理网点，可以快速便捷地进行汇款收款。通常情况下，速汇金汇款在汇出后十几分钟即可到达收款人账户。速汇金的收费采用超额收费标准，即在一定的汇款金额内，汇款费用较低，也无其他附加费用和不可知费用，如中间行费、电报费等。速汇金汇款手续费可在其官网查询。

（2）缺点：汇款人及收款人均必须为个人；必须为境外汇款；买家通过速汇金进行境外汇款的，必须符合国家外汇管理局对于个人外汇汇款的相关规定；速汇金仅在工作日提供服务（西联汇款365天营业），办理速度相对缓慢。

（3）取款：收款方可在速汇金官网追踪汇款进度。速汇金的收款也很方便，海外的汇款可以直接汇入收款人的银行账户，如收款人未开立银行账户，可携带身份证到速汇金的当地合作银行网点填写相关表格，提供汇款人及汇款参考号信息，即可收取款项。目前，速汇金推出了支付宝收款的新业务，收款人无须去银行网点，用手机即可轻松便捷地实现收款，且收款方无任何额外手续费用。

二、信用卡

跨境电商平台可通过与Visa、MasterCard等国际信用卡组织合作，或直接与海外银行合作，开通接收海外银行信用卡支付的端口。这样，海外买家便可以使用信用卡进行跨境网上支付。

（1）优点：信用卡具有便捷、实时、安全和覆盖广等几大优点。其一，使用信用卡付款省掉了采用其他方式的办理注册程序，方便快捷；其二，信用卡付款的一切操作均在线完成，在最短的时间内知道支付成功与否；其三，有第三方支付平台与银行风险控制系统和信用卡组织的信用卡数据库多重保障，保证了收付款的安全；其四，全球有将近15亿人拥有信用卡，是覆盖最广泛的支付工具。

（2）缺点：接入方式麻烦，需预存保证金，收费高昂，付款额度偏小，存在拒付风险。

（3）费用：信用卡跨境支付一般要收取一定的服务费。以支付宝使用国际卡支付服务来说，根据国际卡跨境支付相关机构规定，支付宝需要代收一定比例的服务费支付给相关国际支付机构。

三、第三方支付平台

第三方支付平台的出现源于传统的银行支付方式不能完全满足电子商务的支付需求。其一，银行支付方式只具备资金的转移功能，无法对交易双方进行约束和监督；其二，通过银行的支付手段比较单一，交易双方只能通过指定银行的界面直接进行资金的划拨，或者采用汇款方式；其三，传统银行支付方式下，跨境交易基本全部采用款到发货的形式，整个交易过程中的货物质量、交易诚信和退换要求等方面无法得到可靠的保证，交易欺诈行为也时有存在。于是，第三方支付平台应运而生。

第三方支付平台是指平台提供商通过通信、计算机和信息安全技术，在商家和银行之间建立连接，从而实现消费者、金融机构以及商家之间货币支付、现金流转、资金清算、查询统计的一个平台。在通过第三方支付平台的交易中，买方选购商品后，使用第三方平台提供的账户进行货款支付，由第三方通知卖家货款到达、进行发货；买方检验物品后，通知付款给卖家，第三方再将款项转至卖家账户。第三方支付平台便利了跨境支付，也为跨境交易的资金流动提供了一定的监督保障。第三方支付平台在跨境网络消费支付中占有主要地位。

1. PayPal

美国的第三方支付平台PayPal是全球使用最广泛的跨境在线支付工具，目前在全球拥有超过2亿个注册账户，支持25种货币收款，是跨境交易中最有效的付款方式，深受众多卖家和买家的信任。资料显示，每4笔eBay买卖中，有3笔选择PayPal，而75%的跨国商家选择PayPal为收付款方式。

PayPal账户分为个人和企业两种。个人只需一个电子邮箱地址即可注册，企业则需提供企业所有者信息（需与营业执照上的法定代表人信息一致）；营业执照扫描件和法定代表人身份证明。

（1）付款流程：跨境交易采用PayPal付款的流程如下：①买家向商家付款时，进入PayPal账户，提供收款人的电子邮件账号和支付金额；②PayPal公司确认后向商家发出电子邮件，告知钱已经到账可以发货；③买家收到货物后签收，告知PayPal可以付款给商家；④商家从自己的PayPal账户提现。

如果商家没有PayPal账户，网站会发出一封通知电子邮件，引导收款人在PayPal网站注册一个新账户。

（2）优点：只要拥有邮箱地址，即可在超过202个国家或地区购物和付款，快捷、安全且方便；适用于跨境电商零售交易中几十到几百美元的小额交易；国际付款通道满足了部分地区客户的付款习惯；国际知名度较高，尤其受美国地区用户信赖。

（3）缺点：PayPal的手续费有三种，分别是交易手续费、提现手续费和货币兑换手续费。具体是：收款时收取2.9%~3.9%再加0.3美元的手续费；提现时收取固定35美元手续费（提现下限是150美元），因此建议积攒一定金额后一并提取。

2. 国际版支付宝

国际版支付宝（Escrow Service）是阿里巴巴国际站和支付宝联合为跨境交易双方建立的在线支付解决方案。国际版支付宝操作原理跟国内支付宝类似，此处不再赘述。

（1）优点：国际版支付宝是一种第三方支付担保服务，它的风控体系可以保护客户在交易中免受信用卡盗卡的欺骗，而且只有通过支付宝收到了客户的货款时，才会通知客户发货，这样可以避免客户在交易中使用其他支付方式导致的交易欺诈。

其另一大优势在于，对国内卖家来说，采用支付宝收款十分便利。如果卖家已经拥有了国内支付宝账号，无须再另外申请国际支付宝（Escrow）账户。速卖通用户可直接登录后台，管理收款账户，绑定国内支付宝账户。绑定国内支付宝账户后，卖家就可以通过支付宝账户收取人民币。国际支付宝（Escrow）会按照买家支付当天的汇率将美元转换成人民币支付到卖家的国内支付宝或银行账户中。卖家也可以通过设置美元收款账户的方式来直接收取美元。

（2）缺点：目前支持的支付方式较少，仅支持信用卡和T/T银行汇款。在国际市场的接受度不高，主要应用于阿里巴巴的速卖通平台。

综上所述，跨境电商是国与国之间的买卖交易，其支付流程相较于国内付款更加复杂。目前，面向跨境电商卖家的支付手段并不少，每个支付工具优势各异，便捷性和时效性有所不同，在众多的支付工具中选择一个合适的手段，是做好跨境电商的首要前提。

第二节 跨境电商出口收款与结汇

安全、顺畅、合规的收回货款并结汇关系到出口电商的核心利益。本节介绍出口电商的收款与结汇方式。

一、跨境电商出口收款方式

目前，出口电商的收款方式有银行账户直接收款、通过第三方支付机构收款和通过全球收款服务收款三种方式。

（一）卖家银行账户直接收款

这种方式是指跨境电商平台与境内卖家开设账户的网上银行直连，境外买家通过平台对接的境外银行或者支付机构的入口进行支付，货款直接到达卖家的网上银行账户。依境内卖家绑定账户的不同，货款可能进入卖家在境外银行开立的境外外汇账户、在境内银行开立的经常性外汇账户或是在获得由中国人民银行批准进行人民币跨境支付业务许可的银行开设的人民币账户。这种模式下，电商平台需要分别对接不同的境内银行和境外合作银行并取得其网银系统的授权，对跨境电商平台服务要求较高。

（二）通过第三方支付机构收款

这种方式是指境内卖家通过跨境电商平台绑定的第三方支付机构为通道进行跨境收款。第三方支付机构是指根据人民银行《非金融机构支付服务管理办法》的规定取得《支付业务许可证》，且在收付款人之间作为中介机构提供全部或部分货币资金转移服务的非银行机构，如支付宝、微信支付等。

这种模式下，第三方支付机构在对应的银行开立专用备付金账户，境外买家付款后，货款先到达第三方支付机构的专用备付金账户，买家确认收货之后第三方支付机构再从备付金账户里打款给境内卖家的账户，典型例子如速卖通平台上绑定的第三方支付机构——国际版支付宝。

第三方支付机构作为中介机构，解决了跨境电商平台单独对接各银行的难题，降低了平台开发成本及平台使用费，同时在买家和卖家之间发挥了货款监管作用，成为目前大多数跨境电商出口平台上境内卖家广泛使用的收款模式。

（三）跨境电商平台全球收款服务

跨境电商平台全球收款服务的典型是跨境电商平台亚马逊于2018年推出的线上"全球收款服务"。卖家开通此项服务后，无须开设外国银行账户或第三方支付机构账户，即可直接使用本地货币接收全球付款，且货款最快在两个工作日内就能存入卖家的国内银行账户。这种模式下，亚马逊将货币兑换和付款简化为了一个单一流程，卖家仅需在亚马逊平台添加一个国内银行账户，即可安全、快速地接收货款。目前，亚马逊按1.25%的费率收取服务手续费，相较于其他收款模式来说，费率较高。

目前，该服务已经覆盖了亚马逊的美国、加拿大、德国、英国、法国、意大利、西班牙、日本与墨西哥九大海外站点，可转换为45种国际货币。

二、跨境收款收结汇方式

（一）自行或代理办理收结汇

跨境出口电商应当依法取得对外贸易经营权后在外汇管理部门办理"贸易外汇收支企业名

录"的登记手续，然后到银行开立经常项目外汇账户（如需通过境外账户或者离岸账户的事先取得外汇局的批准）以办理收结汇手续。

例如，出口电商在银行开立美元账户，货物出口后收到跨境汇入的美元货款资金，则该电商应该按照不同外汇分类管理的出口贸易企业❶对应的要求办理收结汇手续；如该电商委托某代理方进行收汇，则资金入账后，代理方应向银行提交付款指令，将美元收汇划转给该出口电商，或者代理方向银行提交结汇申请，将结汇后的人民币资金划转给该出口电商。

（二）通过第三方支付机构收结汇

根据国家外汇管理局《支付机构外汇业务管理办法》（参见附录七），支付机构在办理贸易外汇收支企业名录登记后可开展外汇业务，即可以为跨境电子商务交易双方提供外汇资金收付及结售汇服务。支付机构为电商交易双方办理外汇业务应通过外汇备付金账户进行，单笔交易金额原则上不得超过等值5万美元。因此，如果跨境电商平台合作的第三方支付机构具有开展外汇业务的资格，则境外买家的付款在进入银行的外汇备付金账户之后，该第三方支付机构在对交易的真实性、合法性及其与外汇业务的一致性进行审查的基础上，在收到资金之日（T）后的第1个工作日（T+1）内为出口电商办理结汇业务。

（三）迟延结汇或将出口外汇收款留存境外

考虑到从事出口贸易企业的经常项目外汇收支频繁，境内机构可根据《关于境内机构自行保留经常项目外汇收入的通知》自行保留其经常项目账户中的外汇收入。目前部分第三方支付机构，如国际版支付宝，也支持平台上的出口电商企业选择"收外汇、不结汇"的方式，直接将相应的外汇汇入境内卖家的银行账户。

在外汇管理部门同意的情况下，出口电商企业可以根据《货物贸易外汇管理指引实施细则》在境外银行开立用于存放出口收入的境外账户，将具有真实、合法交易背景的出口收入存放境外；可根据自身经营需要确定出口收入存放境外期限，或将存放境外资金调回境内。境外账户的收入范围包括出口收入、账户资金孳息以及经外汇局批准的其他收入；支出范围包括贸易项下支出、佣金、运保费项下费用支出以及符合外汇局规定的其他支出等。

（四）人民币跨境收款

为便利跨境贸易并降低汇率影响，近年来中国人民银行逐步推行跨境人民币结算。从2009年中国人民银行等六部委联合发布《跨境贸易人民币结算试点管理办法》开始，跨境贸易人民币结算的适用范围从上海、广东（广州、深圳、珠海、东莞）5城市逐步扩大到全国范围；参与主体从列入试点名单的企业扩大到境内所有从事货物贸易、服务贸易及其他经常项目的企

---

❶ 依据我国货物贸易外汇管理制度，外汇局将出口收汇企业纳入名录实施动态分类管理，根据企业外汇收支的合规性及其与货物进出口的一致性，将企业分为A、B、C三类。

业。中国人民银行和海关总署等六部委先后下发《关于简化跨境人民币业务流程和完善有关政策的通知》《关于简化出口货物贸易人民币结算企业管理有关事项的通知》《关于进一步完善人民币跨境业务政策促进贸易投资便利化的通知》等文件，简化跨境人民币业务流程并明确凡依法可以使用外汇结算的跨境交易，境内银行可在"了解客户、了解业务、尽职审查"三原则基础上直接办理跨境人民币结算。

除了商业银行，第三方支付机构也可以在人民银行的批准下办理电子商务人民币资金跨境支付业务。人民银行上海总部《关于上海市支付机构开展跨境人民币支付业务的实施意见》明确规定具有必要资质的第三方支付机构经备案可以依托互联网，为境内外收付款人之间，基于非自由贸易账户的真实交易需要转移人民币资金提供支付服务。

根据上述政策，境内卖家在跨境电商平台上也可以直接以人民币作为收款币种，只要该笔交易符合一般结汇条件，收款后可通过银行或者有资质的第三方支付机构直接办理跨境人民币结算业务。

第三节　跨境电商支付相关政策

跨境电商业务的健康发展离不开外汇支付业务的支持，为便利跨境电子商务结算，促进支付机构外汇业务健康发展，防范外汇支付风险，我国不断完善跨境电子商务支付结算的相关政策。

2013年3月，国家外汇管理局下发了《支付机构跨境电子商务外汇支付业务试点指导意见》，在上海、北京、重庆、浙江、深圳等地区开展试点，允许参加试点的支付机构集中为电子商务客户办理跨境收付汇和结售汇业务。2013年10月，包括支付宝、财付通、银联、汇付天下在内的17家第三方支付公司获得国家外管局正式批复，成为首批获得跨境电商外汇支付业务试点资格的企业。这些第三方支付平台可以收集小额电子商务交易双方的外汇资金需求，通过银行集中办理结售汇业务。

2015年1月，国家外汇管理局发布《关于开展支付机构跨境支付业务试点的通知》（以下简称《通知》），将试点业务扩大至全国范围内；同时，只要满足基本条件的支付机构都能申请跨境支付试点。《通知》有两个突破点：一是无报关单也能办理贸易结汇业务。对于跨境电商小额的结汇业务，只需要提供真实交易信息，而不需要报关单，就可以得到银行的受理。二是跨境电商企业通过第三方支付机构向银行办理结售汇业务。在传统的国际贸易中，企业直接向银行办理外汇业务。然而，跨境电商的交易是通过互联网完成，而且存在"量小频率高"的特点，因此通过第三方支付机构集中跨境电商企业的结售汇需求，可以更好地服务电商企业。

在总结支付机构跨境外汇支付业务试点经验基础上，国家外汇管理局于2019年4月29日发布了《支付机构外汇业务管理办法》（以下简称《办法》）。《办法》明确，支付机构外汇业务是指支付机构通过合作银行为市场交易主体（电子商务经营者及购买商品或服务的消费者）跨境交易提供的小额、快捷、便民的经常项下电子支付服务，包括代理结售汇及相关资金收付服务。《办法》要求，支付机构在办理贸易外汇收支企业名录登记后方可开展外汇业务。此前参与跨境外汇支付业务试点的支付机构应于《办法》实施之日起3个月内，向注册地国家外汇管理局分局、外汇管理部进行名录登记。《办法》同时规定了支付机构的市场交易主体管理、交易审核、账户管理、信息采集与报送的相关要求，以及支付机构违反相关规定的罚则。《办法》对支付机构外汇业务管理做出全面规范，国家外汇管理局2015年发布的《关于开展支付机构跨境支付业务试点的通知》同时废止。

思考题

1. 阐述各类跨境电商支付方式的优缺点？
2. 说明跨境电商出口不同收款方式的区别。
3. 解释第三方支付平台在跨境电商收付款中的作用。

专业实践

跨境服装电商营销

课程内容： 介绍跨境服装电商的理论基础、网络营销的基本职能和常见工具；讨论跨境服装电商的常用营销方法，包括搜索引擎营销、电子邮件营销和社交媒体营销；最后讨论大数据技术在跨境电商网络营销中的应用。

课程学时： 8学时

课程要求： 要求学生掌握网络营销的基本概念和主要内容；了解网络营销常见工具；重点掌握搜索引擎营销、电子邮件营销和社交媒体营销等跨境服装电商常用营销方法；讲授和讨论跨境电商营销中大数据技术的应用。

第七章　跨境服装电商营销

第一节　跨境服装网络营销理论基础

一、网络营销概述

（一）网络营销定义

网络营销是企业整体营销战略的一个组成部分，是为实现企业总体经营目标所进行的，以互联网为基本手段营造网上经营环境的各种活动。所谓网上经营环境包括企业网站、顾客、网络服务商、合作伙伴、供应商、销售商及相关的网络环境等。网络营销因突破了时间和空间的局限，并且成本相对低廉而受到世界各地各类型企业的广泛应用。企业产品的网络营销主要分为企业自建官方营销型网站和利用第三方平台进行网络营销两大类。

（二）跨境服装网络营销

所谓跨境服装网络营销，是将网络营销的理论和实践引入跨境服装电商，是服装产业借助现代信息技术搭建的技术平台，将网络技术应用到服装产品的跨境销售，以实现服装企业全球化营销战略为目标的一种营销手段。在电子商务潮流不断发展的环境下，服装网络销售额逐年攀升，网络购物逐渐成为服装销售新渠道。

中国出口跨境电商品类以成本优势强、标准化程度高的3C电子、服饰、户外用品等为主，以标准品为主的出口产品结构符合跨境电商的发展特征，标准品因其品类的统一性而天然地适合在互联网进行推广和销售。

跨境服装网络营销将现代网络技术应用于服装营销全过程，它不仅利用网络这一新媒体进行全球服装产品销售，还对企业现有营销体系作出了有效的补充和提升，是整合理论的提升。国内外知名服装企业大多将实施网络营销作为企业面向国际市场的一个崭新窗口，作为联系消费者的纽带和企业利润的增长点。

二、网络营销基本内容

网络营销基本内容包括：网络营销战略制定（含网络市场细分、网络目标市场选择、目标市场定位）；网络客户体验设计（以用户感知、用户需求为设计核心）；网络营销站点设计（包含站点规划、网站模式选择、内容设计、界面设计）；网络营销策略制定（包含产品和服务策略、价格策略、渠道策略、促销策略）；网络品牌建设（包含网络品牌价值推广和评估）；网络营销效果评估（包含评估指标、专业评价、数据分析）。这些内容为企业及时了解和把握网上虚拟市场的消费者特征和消费者行为模式的变化及企业在网上虚拟市场进行营销活动提供数据分析和营销依据。

第二节　网络营销工具

一、网络营销基本职能

（一）树立网络品牌

网络营销的重要职能之一就是在互联网上建立并推广企业的品牌，知名企业的线下品牌可以在线上得到延伸和拓展，一般企业可以通过互联网快速树立品牌形象，提升企业整体形象。网络品牌建设相关内容十分丰富，旨在通过一系列的措施，达到消费者和公众对企业的认知和认可的目的。网络营销为企业利用互联网建立自己的品牌形象提供了有利的条件，无论是大型企业还是中小型企业都可以找到合适的方式来展现品牌形象。

（二）网站推广

网站推广是网络营销最基本的职能之一。网站推广的目的是使网站获得一定的访问量。获得必要的访问量是网站功能发挥取得成效的基础。尤其是对于中小企业而言，由于其经营资源的局限性，中小企业特别热衷于利用互联网手段开展网站推广。网站推广是为了让更多的用户对企业网站产生兴趣并通过访问企业网站内容，使用网站服务来达到提升品牌形象、促进销售、增进客户关系的目的。

（三）信息发布

无论哪种营销方式，结果都是将一定的信息传递给目标人群，包括客户、媒体、合作伙伴、竞争者等。信息发布需要一定的信息渠道资源，这些资源可分为内部资源和外部资源。内部资源包括企业网站、注册用户电子邮箱等；外部资源则包括搜索引擎、第三方信息发布平台、网络广告服务等。掌握尽可能多的有价值的信息是网络营销取得良好效果的基础。

（四）销售促进

网上销售是企业销售渠道在网上的延伸，网上销售渠道主要包括企业官方商城网站和建立在第三方专业平台的网上旗舰店形式。不论是大型企业还是中小型企业都可以拥有合适的网络在线销售渠道。大部分网络营销方法都直接或间接与促进商品销售有关，一方面是促进网上销售，另一方面在很多情况下对促进线下销售也十分有价值。

（五）客户服务

互联网提供了更加方便的在线客户服务手段，包括最简单的常见问题解答、电子邮件咨询和在线客服等各种及时信息服务等。客户服务质量对于网络营销效果具有重要影响，而在线客户服务具有成本低、效率高的优点。

（六）网上市场调研

网上市场调研主要的实现形式包括通过企业网站设立的在线调查问卷，通过电子邮件发送的调查问卷，专业调研网站等。相对传统市场调研，网上市场调研具有周期短、效率高、成本低的特点。网上调研为制定网络营销策略提供信息支持，是整个市场研究活动的重要辅助手段。

（七）消费者行为分析

互联网用户作为一个特殊群体，具有与传统市场群体截然不同的特性，因此开展有效的网络营销活动必须深入了解网上用户群体的群体特征、需求特征、购买心理、购买行为模式以及购买决策过程。对于网络购物主流商品之一的服装来说，可以通过收集网络历史成交数据或者网络搜索数据来分析用户的购物喜好、购物需求、购物习惯等。互联网是许多兴趣、爱好趋同群体交流的地方，并且逐步形成一个特征鲜明的网上虚拟社区，网上消费者行为分析的关键是针对这些虚拟社区的群体特征和偏好、购买行为习惯等进行研究。

二、网络营销常见工具

目前网络营销工具主要有官方网站、官方微博、官方博客、官方微信、B2B平台、B2C平台、搜索引擎、电子邮件、社会化媒体、营销管理分析工具等。

（一）官方网站

企业官方网站是综合网络营销工具，是企业最全面、最重要的网络营销工具之一。企业官方网站主要向公众传递企业品牌形象、企业文化等基本信息；发布企业新闻、供求信息、人才招聘等信息；向供应商、分销商、合作伙伴、直接用户等提供某种信息和服务；网上展示、推广、销售产品；收集市场信息、注册用户信息。企业官方网站的主要职能有网络品牌、信息发布、产品展示、顾客服务、顾客关系、资源合作、网上调研和在线销售八个方面。

（二）官方APP

目前，在许多网络营销应用水平较高的企业，如电子通信、旅游交通、酒店预订、餐饮服务、信息服务、咨询培训、在线零售等领域，APP已被广泛应用。企业官方APP的网络营销价值主要有：适应移动互联网的用户行为、扩展企业信息发布及传递的渠道、提升企业移动互联网品牌价值及在线移动销售渠道。企业官方APP已经成为移动网络营销的综合工具之一，为移动互联网用户提供便利。

（三）官方微信

微信是社交类手机客户端软件之一，微信从发布以来，其应用一直呈爆发性增长态势，目前已成为人们最重要的社交和通信工具之一，同时在企业经营中的应用也非常广泛。官方微信已成为企业移动互联网应用的基础配置。官方微信在网络营销的主要价值有：移动互联网应用的主要入口、移动网络品牌推广、移动在线销售功能、及时有效的信息传递等。

（四）官方微博

微博推出之后，迅速成为普及率最高的互联网应用之一，基于微博平台的官方微博也成为网络营销最热门的领域之一。相对于传统的博客，微博信息发布更便捷、信息传播速度更快、用户之间交互性更强。官方微博的网络营销价值主要有：对产品推广、促销等产生直接效果，开展有效的在线互动，很好的应用与网络口碑传播，与企业官网相互融合、相互推广等。

（五）B2B电子商务平台

在网络营销的发展历程中，B2B电子商务平台发挥了重要的启蒙作用。很多企业在B2B电子商务平台这种行业供求信息平台发布信息。此外，B2B电子商务平台提供在线交流、金融信贷、交易担保和部分交易服务等。B2B电子商务平台的网络营销价值主要有：实现多渠道信息发布，增加企业信息的网络可见度，提高中小企业网络可信度。

（六）B2C电子商务平台

B2C电子商务平台提供了企业与消费者之间进行电子商务交易的网络平台，其核心功能是产品网络推广、在线销售、顾客服务。在B2C平台上开设网上商店，不仅为中小企业开展电子商务提供了便利，对大型知名企业拓展网络销售渠道同样非常重要。B2C电子商务平台的网络营销价值主要有：快速实现从网络推广到网络销售的飞跃，扩大产品的网络可见度并增加产品可信度，实现对网络用户行为的研究。

（七）搜索引擎

搜索引擎在网络营销中一直处于很重要的地位。从最早期的分类目录登录，到搜索引擎优化、搜索引擎关键词广告等，搜索引擎都是网站推广必不可少的互联网工具。通过搜索引擎可获得用户访问的直接效果，搜索引擎是内容营销的重要引流工具。搜索引擎的网络营销价值主要有：开拓网络品牌传播渠道，为产品进行网络推广，开展网上市场调研，为竞争对手制造网络推广壁垒等。

（八）电子邮件

电子邮件是最典型的直接信息传递工具。电子邮件是一个基本的互联网通信工具，几乎应用于网络营销的各个方面。在网络营销活动中，为了向用户提供信息和服务，往往需要用户在线注册个人信息，其中，电子邮件地址是最重要的内容之一，因为电子邮件是最有效、最直接、成本最低的信息传递工具。电子邮件的网络营销价值主要有：进行商务沟通、进行网络品牌传播、开展在线顾客服务、提供会员通讯与电子刊物、收集市场信息、开展在线市场调查等。

（九）网站访问统计分析工具

随着网络营销应用的深入，对于网络营销效果进行分析管理的要求也越来越重要。在众多网络营销管理分析工具中，网站访问统计分析工具是应用范围最广、信息量最大且开展网络营销最有指导意义的。获取网站访问统计数据通常可以利用专业的网站统计分析软件进行。网站访问统计分析工具的网络营销价值主要有：及时掌握网站运营状况、进行网络营销诊断、提供制定和修正网络营销策略的依据、评价网络营销效果等。

第三节　跨境服装电商营销方法

对于跨境电商来说，怎样展现商品，让商家和用户完成商品交易，涉及跨境电商如何进行推广和营销的问题。从出口跨境电商的角度来说，怎样获得更多的用户流量是关键一环。商家除了做好自家店铺优化，获取平台的站内流量外，如何采用精准的营销方法获取站外流量亦十分重要。下面对跨境服装电子商务中常用的网络营销方法，即搜索引擎营销、邮件营销和社会化媒体营销进行介绍。

一、搜索引擎营销

搜索引擎是近二十年来互联网发展最为迅速的领域之一。在互联网时代，我们习惯于用搜索引擎来查找我们所需要的东西，例如，在中国，我们熟悉的是百度搜索，而国外用户用得最多的则是谷歌（Google）搜索。搜索引擎营销（Search Engine Marketing，缩写为SEM），是基于搜索平台的网络营销方式，利用网民对搜索引擎的依赖和使用习惯，在检索信息时将营销信息传递给目标消费者。SEM追求最高的性价比，以最小的投入，获取最大的来自搜索引擎的访问量，从而产生商业价值。对于进口跨境电商或出口跨境电商来说，采用搜索引擎营销（SEM）都是一个非常主流的方法。以Google为例，搜索引擎营销主要分为搜索引擎优化和关键词竞价排名。

（一）搜索引擎优化

1. 搜索引擎优化的定义

搜索引擎优化（Search Engine Optimization，缩写为SEO）是按照一定的规范，通过对网站功能服务、网站栏目结构、网页布局和网站内容等网站基本要素的合理设计，通过网站对于搜索引擎的友好性，使网站中更多的网页能够被搜索引擎收录，提高其搜索引擎排名，从而提高网站访问量，其最终目的是通过搜索引擎的自然搜索[1]来获得潜在的客户以提升网站的销售能力。

有研究分析了18000个中小电商网站的数据，发现"35.5%的访客来源于谷歌、必应、雅虎和其他搜索引擎中的自然搜索[2]"。也就是说，如果网站每月有1000个访客，其中355个来自搜索引擎的自然搜索访问，如果按照电商的一般访客转化率[3]2%～3%来计算，可以产生7～11个订单。因此，中小电商企业应该重视搜索引擎优化这一工具。

2. 搜索引擎优化的内容

简单地说，搜索引擎优化是为了使网站更容易被搜索引擎抓取，从而提升网站在搜索页面的排名。因此，搜索引擎优化主要包括两方面内容：一是网站内部优化，即页面制作人员制作特定的网页、参与网站开发等；二是网站外部优化，由链接建设人员负责外链添加、网站更新等，由文案人员撰写原创文章。一般而言，搜索引擎更容易抓取运营稳定、速度快的高质量网站。此外，要根据网站结构和页面的重要性合理分配关键字。

（二）关键词竞价排名

1. 关键词竞价排名含义

关键词竞价排名即通过购买关键词，使自己的广告能够出现在搜索页面更显眼、更重要的位置。竞价排名按点击收费，推广信息出现在搜索结果中，但没有被用户点击，则不收取推广费用。客户可以通过修改每次点击付费价格来控制自己在特定关键词检索结果中的排名。

2. 关键词竞价排名原理

根据谷歌算法，竞价排名的顺序与用户的出价及关键词质量度有关，即：

$$广告排名值 = 竞价 \times 质量评分$$

可见，对于关键词竞价来说，并非我们一般认为的出价越高就越靠前。即使出价高，如果质量评分不高的话，也无法获得最好的排名。在相同的质量度下，谁的出价高，谁的排名就靠前；在相同的出价情况下，谁的质量度高，谁的排位就高；竞争相同的位置，质量度越高的用户，所需要出的价格就越低。

影响关键词质量度的因素主要有：标题、描述、链接文章、关键词点击率等。

---

[1] 自然搜索（natural search）指搜索引擎根据自己的算法针对搜索关键词返回给用户的搜索结果，与赞助搜索（sponsored search）对应。自然搜索不由广告所控制，完全由算法程序给予自动排列，一般显示在网页的左侧，因此也被称为左侧排名。搜索引擎优化的目标是追求在自然搜索中的优先排列位置。

[2] 321电商学院：http://www.321sxy.cn/information/zu-ji-qiao.html。

[3] 转化率是指产生购买行为的人数和访问店铺人数的比率。

示例：跨境电商搜索引擎营销案例

Sheinside是一家专注于女性快时尚的跨境B2C互联网企业，以快时尚女装为业务主体，主要面向欧美、中东等消费市场。Sheinside.com于2008年正式上线，2010～2014年陆续上线了西班牙、法国、俄罗斯、德国和意大利站点。2015年6月更名为SHEIN，同时推出阿拉伯站点。2016年实现销售额破10亿。截至2017年4月，其业务已覆盖全球224个国家和地区。

通过其网站历史网页记录可以看到，该网站创建初期，产品定位也是选择了外贸大热产品——婚纱礼服。2011年底，网站进行了重新定位，不仅在产品品类方面做了调整，从整个产品的定位和运营思维方面也都进行了转型。新的定位选择运营潮流女装这个品类，且直接用新的品牌思维去运营，不走同质化的低价老路子，并通过一系列快人一步的服务做支撑，取得了不错的销售业绩。

流量是所有互联网企业特别是跨境电商的命脉。通过分析其流量来源分布情况可以发现，SHEIN的直接流量占据接近40%的比例，说明有接近40%的访问者是输入SHEIN的域名直接访问网站的。这也说明，SHEIN在海外的整体知名度很高，回头客的比重也相当高。

在搜索引擎营销方面，SHEIN同时运用了免费的搜索引擎优化和付费的关键词竞价排名。SHEIN搜索流量中，自然搜索流量占70%，付费搜索流量仅占30%左右。从这两个数据可以看出，SHEIN在付费广告获取用户层面投入的费用相当少，这和传统的依靠广告获得流量的外贸电商大站来说有明显的区别。这个结果得益于SHEIN在搜索引擎优化中贯穿了从网站设计、开发、品类规划、关键词规划、内容规划和站外投票（站外内容与外链）等各方面内容。通过分析SHEIN在自然流量和付费流量引流的前十大关键词可以看出，"SHEIN"这个关键词基本上占据了90%以上的搜索导入流量，可见其在品牌打造方面所投入的精力和功力。此外，从SHEIN付费广告带来流量的前十大关键词来看，其主要投放的还是品牌词、域名和竞争对手的品牌词，而这些关键词的点击成本是最低的。

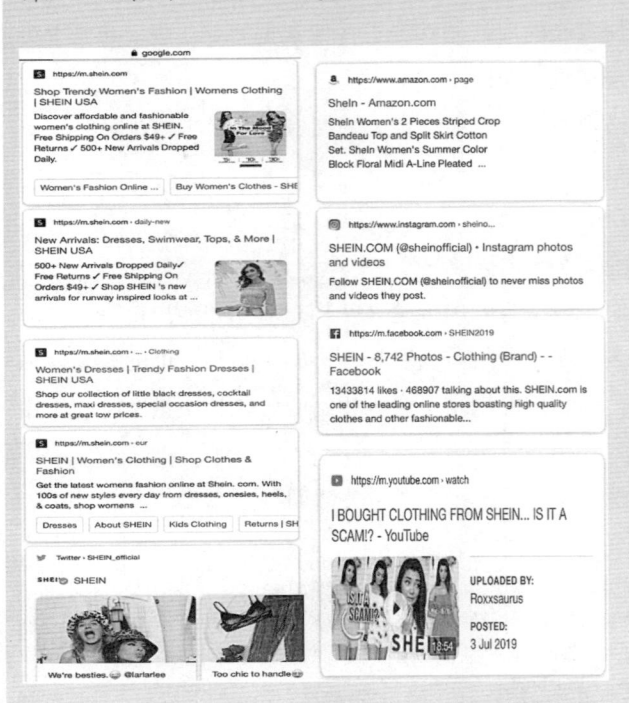

Google付费广告流量是当前跨境电商成本最高的流量，而且随着竞争者不断进入，这个付费广告成本在不断增加，但是，这种流量的整体转化率要低于由其他流量渠道带来的流量转化率。SHEIN很好地避开了这个流量黑洞，不会因为不投放点击广告，网站的整体流量就大幅下降，从而避免了被这种高成本低转化率的流量所绑架（图7-1）。此

图7-1　SHEIN品牌词在Google搜索页面的表现

外，SHEIN的成功也告诉我们，品牌具有溢价和传播性，对跨境电商来说，打造具有海外知名度的品牌，其本身就会构成一个不可比拟的优势。

从SHEIN品牌词在Google搜索页面的表现可以看出，SHEIN品牌关键词搜索结果非常丰富，其官网主站、Facebook页面、时尚博主文章、官方tumblr账号、twitter、YouTube视频均有呈现。这样的结构有利于潜在客户从多角度去了解企业和SHEIN品牌文化等信息。也就是说，可供参考的资讯来源更多，潜在客户在进行品牌关键词搜索的时候就会有更好的体验，而体验越好，转化率就会越高。

（三）跨境服装电商搜索引擎营销策略

1. 搜索引擎优化营销策略

（1）合理命名产品：在给产品命名时，要突出产品的优点，同时还要采用通用名称。例如，搜索"儿童连衣裙"时，谷歌的关键词规划（Keyword Planner）工具每月可提供几万个搜索结果。如果保持搜索结果排名第一，每月可获得1万多个点击量，而排名第二和第三位，可分别获得几千个点击量。用消费者熟悉的关键词作为产品标签，可以获得大批具有很强购买意向的客人。

（2）优化网页内容：针对服装品牌产品，行业专家采访和当前流行趋势的新闻报道是两个好的内容方向，可以创造出大众和谷歌都喜欢的有吸引力的内容。很多电商公司仅仅依靠产品页面来推动SEO，但是产品页面只能添加一些生动的产品描述，品牌失去了传递打动消费者的深度故事的机会。因此，企业可以考虑加入品牌故事吸引读者，并把他们引导到自己的网站，促使他们跟朋友进行分享。

此外，营销人员对于SEO有一个常见的误解，即内容越多越好。事实上，真正效果比较好的营销内容是保持数量和质量的平衡。因此，相较于通过3个不同色彩的页面展示同一个产品，不如把三个产品页面合并成一个。这样，就可以避免三个页面相互竞争，以及因重复内容过多而被谷歌降低排名的问题。

（3）提升移动用户搜索体验：2015年3月，谷歌正式把"移动优化"添加为搜索结果排名因素之一。5月份，谷歌宣布移动查询词条超过桌面搜索，也就是越来越多的消费者开始通过手机进行搜索。因此，面对移动设备搜索率超过电脑搜索的现实情况，营销人员应注重移动搜索的体验，来抓住商机。

（4）降低网页跳出率：谷歌的任务就是展示最优搜索结果，采用"访客参与和网页跳出率"作为搜索排名算法，即谷歌认为，那些访客停留时间很短却又有很高跳出率的页面对大多数用户来说没有什么意义，因此排名会被降低。由于谷歌会衡量搜索引擎用户对网站内容的反应，因此跨境电商营销人员就要留意人们在访问网站时的态度。取消弹出窗口、采用一个有吸引力的网站设计、加快网页登录时间、创建一个直观的导航栏、设计一个有帮助性的404错误页面等都是降低网页跳出率的方法。

2. 关键词选取策略

跨境电商在做关键词竞价前首先要对目标市场进行分析，包括对产品属性、消费人群及竞争对手的分析。具体来说，一是关键词要寻找与自身品牌和产品相关的"主题词"，例如，品牌、产品名称、产品特性以及相关的运营与促销活动等；二是在排列组合好"主题词"之后，根据顾客的搜索行为习惯和搜索请求进行比较，并在这些词的基础上扩展成长尾关键词。此外，还可以根据同行业竞争对手的关键词来确定自己的关键词。不同关键词的推广效果差异很大，因此跨境电商营销需要全面分析和了解每个关键词的推广效果，在此基础上对关键词进行优化和调整。

此外，搜索引擎营销的效果是需要比较长久的时间才能显现出来的，因此最关键的是要坚持，只有坚持优化推广，搜索引擎营销才能发挥良好的作用，为电商品牌带来实际的订单。

3. 结合品牌运营策略

品牌效应可以说是一种脱离了SEO、脱离了搜索引擎算法的推广方式。在各项调查中，"品牌效应"都是名列前茅的。即使这些品牌的网站在一定程度上并不符合搜索引擎的算法规则，但还是能够获得很好的排名。因此，跨境电商企业也要着力提升自身的品牌价值，在塑造了强大品牌的基础上，再结合一定的网络营销策略，才能事半功倍。

二、电子邮件营销

电子邮件营销（E-mail Direct Marketing, EDM），通常也被称为邮件列表营销，是传统的网络推广方法之一。电子邮件营销一般分为两种：一种是正常的电子邮件营销，即许可式电子邮件营销；一种是非许可式电子邮件营销，如邮件群发。电子邮件营销覆盖范围广、操作简单、效率高、精确度高且成本低，适应性强。利用电子邮件营销可以提升企业知名度，维护与消费者的关系，提升消费者黏度，促进二次销售并发展新的消费者。

获得邮件地址的方式主要是通过在线订阅，有奖调查，网站注册，网上搜集，花钱购买，相互交换以及软件生成等。

电子邮件在海外的覆盖面群体比较广，对国外消费者来说，每天查收邮件是必不可少的一件事，人们习惯于使用电子邮件进行相互间的沟通，所以邮件也是出口跨境电商营销的重要渠道之一。例如，亚马逊具有十分完善的全球电子邮件营销体系，其邮件营销涉及日常促销推广、售后服务、顾客消费体验等客户销售过程。与其他营销方法相比，邮件的形式更直接，即信息可以点对点传达给客户，结合基于客户、渠道的数据分析从而进行精准的个性化营销。多渠道智能化营销服务机构Webpower发布的《2016年中国跨境电商邮件营销市场报告》显示，跨境电商行业国内EDM平均送达率为97.19%，平均打开率为9.29%，平均独立点击打开率为15.24%，平均独立点击送达率为1.43%。总体而言，跨境电商企业邮件营销各类指标均高于全行业基准值。未来在跨境电商行业，邮件营销会得到进一步的应用。[1]

---

[1] 中文互联网数据资讯网：http://www.199it.com/archives/527999.html。

(一)电子邮件营销特点

1. 精准直效

电子邮件营销可以精准筛选发送对象,将特定的信息投递到特定的目标社会群体。但是,这同时也会令部分消费者感到难以接受。因此,选择邮件营销一定是要先得到用户的许可,并发送对消费者有用的内容,比如,折扣或者新品上架等。此外,针对不同用户,尽可能做到进行有针对性的沟通,给用户真正需要的信息,帮助用户逐步与品牌建立关系。

2. 个性化定制

个性化定制是指根据社会群体的差异细分客户,为客户量身定制邮件的营销活动,推送个性化内容,向用户提供最有价值的信息。通过根据客户的属性数据和行为数据进行客户细分,很多电子商务企业已收到了邮件营销的回报。如Sway Chic,一家美国女装零售品牌,基于客户邮件打开数、购买历史和转化时间等细分其客户,并向其细分客户发送有针对性的邮件。运动品牌"李宁"则通过性别、年龄范围和产品点击发送针对性的产品邮件。无论从何种角度对客户进行分组,基于分组的个性化邮件在点击率和回报上都有所提升。因此,个性化、定制化是"高性价比"的邮件营销方法,值得电子商务企业去尝试。

3. 信息丰富、内容全面

邮件可以呈现文本、图片、动画、音频、视频、超级链接等多种形式,向客户提供丰富、全面的信息。

4. 可进行追踪分析

电子邮件也为跨境电商企业提供了分析用户行为的途径。通过统计用户打开邮件的情况以及点击数,加以分析,就可以获得一定的销售线索。

(二)跨境电商邮件营销要点

电子邮件是业界公认的高性价比的营销工具,但是,跨境电子邮件营销与国内电子邮件营销相比,存在很大的差异性。因此,针对境外客户的跨境电商邮件营销注意事项如下。

1. 不从外部购买和采集邮件地址

如何获得海外客户的邮件地址和个人信息,是开展跨境电商邮件营销的重中之重,也是难点所在。在没有专业指导的情况下,一些跨境电商企业从外部购买和采集用户数据,带来两个问题:其一,无论邮件地址正确与否,向那些对购买本企业产品或服务没有兴趣的客户进行强行推荐,效果一般很差;其二,由于欧美是我国主要的跨境电商目标市场,而欧美用户一般都具有很强的许可意识,未经许可发送到邮箱的电子邮件,往往会被投诉或拉入黑名单,不但不能产生实际效果,还会影响企业品牌形象。因此,跨境电商企业开展邮件营销时,需要首先了解并遵守相关国家的法律法规,发送许可式邮件,并在邮件中添加退订功能,以减少投诉发生的可能性。

2. 了解和尊重各国消费者的习惯

我国出口电商的主要目的地包括美国、欧盟、东盟、日本、俄罗斯、韩国、巴西、印度等国家或地区。由于各国在风俗文化、消费习惯等方面的差异，不同国家对营销信息的偏好也存在差别。因此，跨境电商企业需要对目标市场的文化、风俗和节日、特殊喜好、消费习惯等充分了解后，再参照用户的历史消费行为，制定邮件的内容和相应的营销策略。例如，感恩节购物在美国和加拿大非常流行，但欧洲很多地方却不盛行；日本用户习惯以信用卡和手机移动进行支付；印度家庭更换电视机的速度很快；德国网购以男性为主；法国用户喜欢在圣诞节大采购等。

3. 注重邮件的细节

（1）邮件的标题：邮件标题会让用户了解邮件的大概内容，能够表达邮件的最基本信息。一个好的邮件标题会引起用户的兴趣，邮件标题对于邮件是否会被用户打开具有很重要的影响。为了能够反映出比较重要的信息，又不至于在邮件主题栏默认的宽度内看不到有价值的信息，一般来说，邮件标题应保持在40个字节以内比较好。一个好的邮件标题中可以包括具有独特价值的产品信息或给人印象深刻的品牌信息等。

（2）邮件内容的设计：邮件内容的质量是邮件营销成败的关键。邮件内容可以是用最简短的文字描述能给客户解决的问题；也可以是用极具诱惑力的文字，引发消费者购买兴趣，将消费者引导到购买网站。例如，推送秒杀信息、限时抢购信息等，引起消费者的关注和兴趣；免费发一些消费者感兴趣的信息，例如，服装时尚电子杂志、电子书、时尚服装网站、内部资源传阅等信息汇总；真诚地邀请消费者试用好的产品，以获得消费者的认可；利用节假日为消费者送上节日祝福等。

（3）邮件创意：邮件营销中，可以围绕产品与服务，利用节日、文化、热点等事件或资源因素进行巧妙整合，在日常邮件营销中制造亮点，创建激发用户需求的电子邮件。例如，海澜之家的父亲节专题邮件、亚马逊的全球尖货TOP榜专题邮件等都是不错的创意邮件。

（4）避免垃圾关键词：有些英文关键词在外国人眼中是常见的垃圾邮件关键词，如acne、adult、advertisement、ambience、asthma、baccarat、botox、casino等。在邮件营销中，应该避免使用这些垃圾关键词，会提升邮件营销的效果。

（三）跨境服装电商邮件营销策略

1. 采用一对一全周期跟踪营销

全周期邮件营销是一种以用户为中心，基于整个业务周期的一对一营销策略。所谓全周期跟踪，是建立一个获取潜在用户、维护现有用户、增强用户黏性和确立品牌忠诚度的循序渐进过程。全生命周期营销策略有利于对潜在用户的开发、获取并增加转化，对现有用户进行保持与再激活，增加用户的依赖感与消费期望值，以及培养用户的品牌忠诚度，最终增加用户对品牌的信任。因此，全周期跟踪邮件营销能有效提升用户点击量和营销效果。反过来，用户的点击和浏览行为收集得越多，越容易生成邮件产品线，邮件投放也越发精准，全周期跟踪邮件营销也会越成功。

以某婚纱品牌的推广为例，某用户登录该品牌网站，试图搜寻合适单品。浏览过程中，如果用户注册邮箱，那么在第一天将收到一封欢迎邮件；接下来，用户如果继续点击、收藏或将商品加入购物车，则会触发更多相应的邮件。例如，第三天用户可能会收到相关品牌宣传、加深用户印象或者近期活动介绍的邮件。与此同时，网站对用户喜好度进行调查，丰富用户标签，然后进行高性价比产品推荐，大概第七天，用户会收到相关商品搭配指南的邮件；第十五天，用户会收到热销商品推荐内容的邮件。这样一个周期跟踪下来，该用户从一个潜在用户到注册用户，最终在邮件的撮合下，成为该品牌的忠实粉丝。

2. 注重移动客户端营销

西欧、北美等发达国家用户习惯于通过手机处理邮件。Webpower中国区对跨境电商行业的邮件阅读设备的调研数据显示，53.66%的邮件通过智能手机打开，44.77%的邮件通过PC端打开。移动端已超过PC端。而具体到邮件阅读的移动设备偏好，约33%的邮件阅读量是通过iOS设备，其中，苹果手机和平板电脑是跨境电商行业邮件移动阅读的主要设备❶。

移动设备的邮件浏览量逐步攀升，但营销人员未给予足够重视。随着移动及智能设备的推陈出新，未来企业应对邮件进行测试和优化，以适应移动端的阅读需求，企业可以针对主流的移动系统做一些优化，确保邮件在手机屏与PC屏的展示效果一致，且发布的邮件更适合海外用户的习惯。同时，还要兼顾手机、平板、智能手表等更多移动邮件应用渠道，分析移动渠道用户的特性，挖掘移动用户的兴趣点，创造更有价值的电子邮件。

（四）电子邮件营销效果评价

在较为完善的邮件发送系统中，可以有效地跟踪和报告邮件营销效果。一般情况下，可以根据邮件的送达率、打开率、阅读率、删除率、转化率等量化指标进行衡量。较高的邮件打开率可以获得更多的利润回报，通常情况下，可以通过设置邮件客户端的回执或通过第三方邮件跟踪自己发送的邮件是否被对方打开。点击率可以直接统计对邮件内容感兴趣的客户数量，通过对用户数据的整理和分析，可以给用户推送个性化邮件。转化率指的是在一定统计周期内，完成转化形成的次数占推广信息总点击次数的比率，转化率是网站能够盈利的核心，是决定邮件营销是否成功的重要衡量参数。

跨境服装电子商务在邮件营销上应做到精耕细作，打造适合海外用户习惯的个性化模板，合理搭配时尚服饰组合商品及售后服务等邮件产品线，设计开发有创意的邮件内容以维护客户关系，提高客户重复购买率和忠诚度，是中国跨境服装电商借助邮件营销开拓海外市场的关键因素。

三、社交媒体营销

社交媒体，也称社会化媒体，是指允许人们撰写、分享、评价、讨论、相互沟通的平台，在这些社交平台上，人们可以积极参与话题、分享、转发、发表专业见解，解决行业难题。社会化媒体的崛起是近些年来互联网的一个发展趋势。

---

❶ 中文互联网数据资讯网：http://www.199it.com/archives/527999.html。

近年来，跨境电商行业的进入者越来越多，营销及推广资源争夺愈加激烈，成本持续上升。目前，无论是搜索引擎，还是第三方平台等推广方式，营销投入成本不断增加，但效果却不如从前。随着社交网站的发展，不少商家开通了Facebook、Twitter等社交媒体账号，将其作为一个低成本、高效率的自有引流渠道，取得了很好的效果。

社交网站可以分为三类，一类是社交媒体，如Facebook、Twitter等；第二类是视频网站，如YouTube；第三类是图片分享网站，如Pinterest、instagram等。

（一）跨境电商中的主要社交媒体平台介绍

1. Facebook

作为全球最大的社交网站，Facebook每月活跃用户数量在2017年即突破20亿人，占近乎世界人口的四分之一。2018年12月，Facebook的日均活跃用户（DAU）为15.2亿，月均活跃用户（MAU）23.2亿，用户黏性（DAU/MAU）66%❶。全球范围内众多公司在使用Facebook，很多企业在Facebook上发布付费广告，视其为最佳营销平台。利用Facebook进行海外营销也受到了越来越多跨境电子商务从业者的关注，很多跨境B2C平台如兰亭集势、DX等都开通了FB官方专页。

2. Twitter

Twitter是全球最大的微博网站，拥有超过5亿的注册用户，活跃用户为1.27亿。目前，54%的推文都来自手机，36%的用户每天都要发推文。虽然用户发布的每条"推文"被限制在140个字符以内，但由于其拥有庞大的用户基础，各大企业仍然选择利用Twitter进行产品促销和品牌营销。2014年9月，Twitter推出了购物功能键，对跨境电商来说无疑是一个利好消息。

3. YouTube

YouTube是全球最大的视频网站，有8亿活跃用户，每天都有成千上万的视频被用户上传、浏览和分享。相较于其他社交媒体，视频营销更能带来病毒式的传播效果，消费者接受起来也更直观。因此，YouTube也是跨境电子商务中不可或缺的营销平台。开通一个YouTube频道，上传一些幽默视频吸引粉丝，通过一些有创意的视频进行广告的植入，或者通过意见领袖来评论产品宣传片都是不错的引流方式。

4. Pinterest

Pinterest是基于兴趣图片的社交网站，是全球最大的图片分享网站，其网站拥有300亿张图片，一旦图片被分享，就会变为"pin"出现在用户的界面上。图片非常适合跨境电子商务网站的营销，因为电商很多时候就是靠精美的图片来吸引消费者。卖家可以在Pinterest上建立自己的品牌主页，上传产品图片并进行互动分享。数据显示，Pinterest上68%的用户为女性，而食谱、时尚潮流等是被分享最多的话题。2014年9月，Pinterest推出了广告业务，品牌广告主可以利用图片的方式，推广相关产品和服务，用户可以直接点击该图片进行购买。同时，Pinterest也可以通过收集用户个人信息，建立偏好数据库，帮助广告主进行精准营销。

---

❶ 搜狐：http://www.sohu.com/a/300704169_313170。

5. Tumblr

Tumblr是全球最大的轻博客网站，含有2亿多篇博文。轻博客是一种介于传统博客和微博之间的媒体形态。与Twitter等微博相比，Tumblr更注重内容的表达；与博客相比，Tumblr更注重社交。因此，在Tumblr上进行品牌营销，要特别注意"内容的表达"，如给自己的品牌讲一个故事，比直接在博文中介绍公司及产品效果要好很多。有吸引力的博文内容，很快就能通过Tumblr的社交属性传播开来，从而达到营销的目的。

6. 短视频

随着移动终端的普及和网络的提速，短视频受到很多平台和用户的青睐。短视频的兴起源于世界首个短视频社交平台Vine（后被Twitter收购，并于2016年关闭）。Vine在推出后即大受欢迎，不到8个月的时间内注册用户就超过了4000万。用户可以通过它来发布长达6秒的短视频，并可添加一点文字说明，然后传到网络进行分享。Vine成功后，YouTube、Instagram、Snapchat纷纷推出短视频分享功能。跨境电子商务企业可以借助短视频这一免费平台，360°全视角展示产品，或利用缩时拍摄展示同一类别的多款产品，或利用VI（视觉识别）来发布一些有用信息并借此传播品牌。例如，卖丝巾的商家可以发布一个打丝巾的教学视频，同时在视频中植入品牌。

目前，最受欢迎的海外短视频应用主要是Snapchat Story和Instagram Stories，它们都拥有着庞大的用户和商业化空间。2017年，短视频在我国迎来爆发式增长，一些中国短视频平台以收购和自建方式，进入海外市场。这些短视频APP在不同的目标市场成为主流产品，可以作为跨境电商企业开展短视频营销的首选平台。图7-2所示总结了一些进入海外市场的我国短视频APP产品。

Viva Video（小影海外版）	2014年初	上线Google Play
	2017年5月	在APP Store同类榜单中位居29个国家首位 在Google Play同类榜单中位居49个国家首位
Musical.ly	2014年4月	上线
	2015年7月	登全美APP Store总榜第一
	2017年11月	今日头条全资收购Musical.ly，其全球注册用户已累积2.4亿（2017年2月，今日头条全资收购北美短视频社区Flipagram）
Tik Tok（抖音海外版）	2017年5月	上线Google Play
	2017年11月	在日本APP Store 总榜第一
	2018年1月	在泰国APP Store总榜第一
	2018年4月	在Google Play的下载次数已达1000万
	2018年8月	Musical.ly宣布与Tik Tok合并
Kwai（快手海外版）	2017年8月	在韩国上线
	2017年10月	在韩国Google Play总榜第一
	2018年3月	在越南获封安卓和iOS双榜冠军 连续多星期在菲律宾占据榜首位置
	2018年5月	在俄罗斯获封安卓和iOS双榜冠军
LIKE	2017年8月	上线
	2017年	在Google Play全球最佳应用榜单，LIKE短视频斩获墨西哥、巴西、拉丁美洲最佳社交APP；斩获印度、印尼最受欢迎APP和最佳娱乐APP
Vigo Video（火山小视频海外版）	2018年1月	登全美APP Store总榜第一
	2018年3月	在巴西、印度Google Play总榜第一

图 7-2　海外市场的短视频 APP 产品
资料来源：www.woshipm.com/evaluating/1928527.html。

国外的社交网站当然还有很多，而且在不同国家和地区，人们习惯使用的社交网站也不同。例如，在俄罗斯，首选的社交网站是VK。社交网站的价值在于产品和品牌的推广，以及通过客户服务来提升品牌形象。前者，通过收集用户的兴趣，或者策划活动，提高销售量；后者，通过与用户互动，及时获得反馈来改善用户体验。

社交媒体营销的范围很广，除了上述渠道以外，还有论坛营销、博客营销、问答社区营销等。这三类社区尤其适合有一定专业门槛的产品，如电子类、开源硬件等。此外，如果你的目标人群是毕业生或职场人士，全球最大的商务社交网站LinkedIn（领英）将是一个不错的选择。Google+作为全球第二大的社交网站，将社交与搜索紧密结合，也越来越受到营销人员的青睐[1]。

---

[1] 2019 年 4 月 2 日，谷歌正式关闭了个人版 Google+。

示例：跨境电商社交媒体营销案例

在关系导向的营销时代，更加强调与消费者的互动。社交媒体凭借其强关系属性，在营销中变得越来越重要。出口跨境电商可以结合自身特点选择合适的社交网站进行精细化运作，以发挥其巨大的价值。

以下以销售服装、家居产品为主的跨境电商平台兰亭集势的Facebook营销为例，说明一下主页运营的技巧。

兰亭集势（LightInTheBox）是中国整合供应链服务的在线B2C跨境电商平台，于2007年成立。兰亭集势的用户来自200多个国家，遍布北美洲、亚洲、西欧、中东、南美洲和非洲，其主要市场在欧洲、北美和南美洲，销售的主要品类包括服装、家居用品等。2013年6月，兰亭集势在美国纽约证券交易所上市。

兰亭集势的日均国外客户访问量超过100万，访问页面超过200万个。打开兰亭集势的Facebook官方主页，可以看到一个由时尚美女、包包、高跟鞋和太阳镜组成的背景图片（图7-3）。这与兰亭集势的时尚购物风格非常契合。该主页已经获得了超过250万的赞，人气非常高。

图 7-3　兰亭集势主页

在发帖方面，兰亭集势保持每天更新，日均发帖数量保持在7个左右，一般不会超过10个。此外，每个帖子的时间间隔在2小时左右，避免给粉丝带来刷屏的感觉。这种较有规律的做法更有助于Facebook引流。

除了固定的发帖频率，最重要的是帖子内容。什么样的帖子既能吸引粉丝的关注又能给网站带来流量呢？兰亭集势Facebook发帖内容主要分为六大类：创意新奇帖、潮流时尚帖、幽默有趣帖、节庆活动帖、顾客晒图帖和其他帖。其中，潮流时尚帖最多，设计精美且时尚。在说明性文字方面，往往使用非常地道的语言，同时加上一个问题，以便与粉丝互动。因为兰亭集势主打服饰类产品，通过潮流时尚帖不仅可以彰显网站风格，而且能最大限度导入流量，并获取转化率。图7-4所示分别是关于鞋子和蕾丝上衣的帖子。

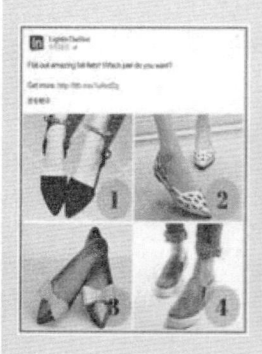

图 7-4　兰亭集势 Facebook 潮流时尚帖

第二大类是创意新奇帖。每个人都喜欢有创意的新奇产品，因此这类帖子很容易得到粉丝的点赞、评论以及转发。当然，更重要的是，年轻粉丝们会非常乐意点击链接发现更多类似产品，并下单购买。图7-5所示分别为创意台灯和新奇扳手。

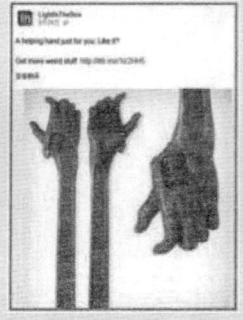

图 7-5　兰亭集势 Facebook 创意新奇帖

第三大类是节庆活动帖（图7-6）。例如，临近万圣节，摆出几张有趣的节日装扮照片，吸引粉丝进入网站购买相关装束。此外，还会不时搞一些礼券赠送（Give Away Time）、限时闪购（Flash Sale）等活动，吸引粉丝参与。

没有人会拒绝幽默。幽默搞笑帖让带有商业性质的兰亭集势Facebook官网主页变得更加可爱。娱乐之后，即使再附上一个广告链接，也不会令人反感，如图7-7所示。

顾客购买产品之后晒出的图片是最具说服力的，属于典型的口碑营销。所以，如果有顾客晒图，一定要发到Facebook主页，让所有的粉丝都看到。例如，兰亭集势把顾客晒出的图片和评语都公布出来，并给予顾客最真诚的赞美和感谢（图7-8）。

以上5类帖子是兰亭集势运营Facebook主页的主要内容。此外，兰亭还会不时发些正能量帖子、风景照帖子、话题互动性帖子等，让粉丝感觉到是在与一个真实的个人互动，而不是一家商业化的企业。

除了发帖内容，在运营Facebook主页的过程中，还常常需要处理顾客的投诉信及留言。对于跨境电商企业来说，这几乎是不可避免的。即使产品没有问题，冗长的跨境物流带来的延误、破损也会招来消费者的投诉。首先，面对顾客的投诉性留言，一定要回复，以表示对消费者的重视；其次，回复要具体，不可千篇一律；最后，要尽可能的引导顾客发"private message（私信）"，以避免损害品牌形象。在这方面，兰亭集势做得非常专业，如图7-9所示。

除了在Facebook官方专页的运营，还可以申请几个小号，形成附属专页，并专门运营某个特定主题，比如关于时尚、奢侈品等，以吸引特定人群加入。

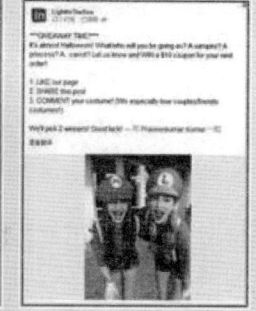

图 7-6　兰亭集势 Facebook 节庆活动帖

图 7-7　兰亭集势 Facebook 幽默搞笑帖

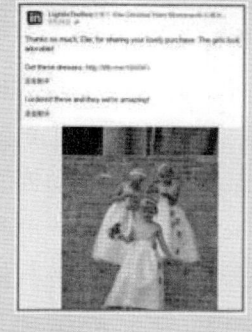

图 7-8　兰亭集势 Facebook 顾客晒图帖

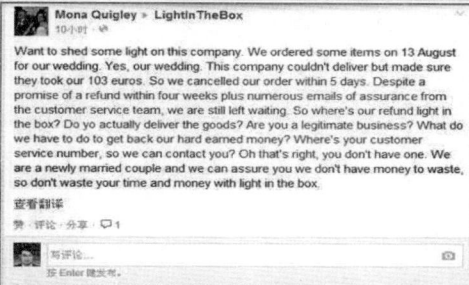

图 7-9　兰亭集势回复顾客投诉截图

（二）跨境服装电商社交媒体营销策略

1. 营销内容至上

在社会化媒体营销观念下，营销的内容十分重要，媒体仅仅是辅助手段，用以将策划的内容以不同的方式展现出来。好的营销内容会传播的更广泛、更迅速。服装类产品与时尚流行、服饰搭配等紧密相关，相关内容创造成功点在于是否能够产生一个足够的创意以符合人们对于时尚多方面的喜好。同时，社会化媒体发布的信息必须真实，与用户就内容进行互动，分享有用的信息，最终得到一个好的口碑传播效果。总之，无论采用什么样的营销方式，最终还是要回归到内容，在社交媒体上，只有有趣、有创意的内容才会被大量传播并吸引粉丝。

2. 将社交媒体营销和邮件营销紧密结合

国外用户非常喜欢分享，因此将社交媒体营销和邮件营销打通，可以大幅提高营销效果，形成二次销售。因此，企业可以在邮件中嵌入"分享到社交网络"这样的按钮，并提示用户：如果分享的话，可以得到一个折扣，而点击分享的链接的朋友也同样能够得到折扣。通过这样的整合营销模式结合全面的营销策略，会促进服装电商企业的销售，创造订单和利润。

（三）社会化媒体营销效果监测

营销效果的分析衡量需要基于数据的监测。对于社交媒体营销，实时的监控和定期的数据分析必不可少，这些可以通过一些社交媒体分析工具来完成。例如，Pinterest Analytics能够统计账户里pins的展示量、被转载数、点击量等；Facebook Insights可以分析粉丝的人口统计特征及内容互动情况；Twitter Analytics能够提供账户活动的即时信息，如访问量、被提及数及粉丝数的数据；Google Trends能显示出每一个搜索项在全球各个地区的总搜索量，探索热门话题及精选内容，并随时更新热门话题。全球权威的社交媒体平台数据分析工具Socialbakers可以衡量粉丝增长率，分析参与度，追踪关键传播人，还能监测竞争对手的社交媒体营销活动。目前，Socialbakers支持Facebook、Twitter、Google+、LinkedIn和YouTube的社交数据分析，帮助企业了解用户偏好，满足用户的个性化需求。

如今，在关系导向型的营销时代，社交媒体凭借天然的"强互动"属性，将企业和顾客紧密结合在一起，帮助企业以很低的成本达到品牌传播的目的。跨境电商企业应该对社交媒体给予足够的重视，通过精细化运作，让社交媒体成为真正最有效的营销方式。

第四节　大数据技术在跨境电商网络营销中的应用

一、大数据时代的跨境电商

（一）对外营销管理

电商营销直接关系到电商的生存发展。目前，电商平台数量众多，竞争对手在自身实力与营销策略上都具有较强的竞争力。国内电商经营者若要寻求跨境电商业务的发展，首先要充分了解国外消费者的习惯，如其网络搜索习惯、网页浏览习惯、电商服务功能需求等。不同国家的消费者在实际的网络消费习惯上存在一定差异，这种差异源于各国文化及各国电商培养的消费习惯。在对外营销上，要充分贴合当地消费者的需求，在营销方式上要切合实际。例如，在欧美地区，电商平台已经发展多年，消费者对电商平台了解较多，因此在跨境电商营销上，要充分注重其实在的功能，避免不实际的噱头营销，用扎实的内在实力和品牌参与竞争，真正满足消费者的需求，从而获得应有的市场份额。

（二）内部运营管理

跨境电商主要业务集中在线上平台，在自身内部运营上，线上平台的信息化技术需要不断与时俱进，确保信息化操作上能实现更为便捷和更多元化的服务功能。跨境电商企业的内部员工需要在信息化技能上有扎实基础，从而确保平台持续不断的良性运转。在对外贸易操作中，平台要对贸易流程、制度、网站信息做不断地强化与丰富，让网站信息能够得到有效及时的更新，让信息资源得到共享，有效地达到与客户之间的互通交流。

二、跨境电商的大数据技术应用

跨境电商交易双方分处不同国家或地区，政治、法律、文化差异带来消费者需求偏好的差异。跨境电商在选品、目标群体识别和消费者偏好预测、引流推广等方面需要考虑到不同市场环境的各种差异。大数据技术旨在通过数据分析、处理和挖掘等，提取出重要的、潜在的信息和知识，再转化为有用的模型，应用到研究、生产、运营和销售等过程中，以解决现实存在的问题。因此，将大数据技术应用在跨境电商中，可以更好地针对不同市场进行差异化营销。

（一）大数据技术在选品中的应用

跨境电商作为一种与互联网紧密结合的商业模式，含有体量巨大的数据，如消费者的个人消费数据、商家的运营管理数据、商品数据等。因此，应用数据爬取、数据挖掘和分析等技术，基于跨境电商平台的后台数据进行数据分析，通过统计点击量、转化率、回购率和商品评价等，可以分析、预测出哪款商品会成为爆款，从而实现科学选品。

亚马逊应用大数据技术，建立Bigtracker选品库，协助卖家打造热销爆款。当卖家搜索商品关键词时，会看到搜索结果的全部数据，如平均销量、平均价格、平均排名等，使商品信息可视化。当卖家搜到一款爆款商品时，可以进行追踪分析，这样无论是选品还是竞争对手分析，都比较适用。

2018年，阿里巴巴1688跨境专供与速卖通为中国跨境电商卖家打造了在线选品频道"橙风计划"。该频道定位于"数据驱动选品"，通过实时的数据和不断扩大更新的在线商品库，赋能商家选品，来帮助跨境卖家快速寻找跨境货源。选品频道内目前包括速卖精选、5美元专场、同款推荐、猜你喜欢等选品场景，让商家的跨境生意更加简单。目前，大部分的国内跨境电商的卖家已经在1688上实现了采购，基于该基础，速卖通把双方的优势强强联合为跨境电商卖家提供全新的跨境经营链条，深度挖掘1688丰富的跨境货源，通过平台化、数据化为选品为企业的资金成本提供更好的解决方案。全球速卖通提倡实现平台与货源关系的重构，一站式互联全球卖家。橙风计划利用速卖通平台沉淀的大数据分析，在选品维度上为跨境卖家提供第一时间的速卖通新品、飙升品、最优爆品等一系列、多维度、多场景的选品资讯。同时，区别于线下的供销对接会，选品频道、榜单以及直播选品等线上互动也让卖家能快速准确地选到适合自己的商品。

（二）大数据技术在目标群体识别和消费者偏好预测中的应用

大数据分析技术对跨境电商企业的影响是革命性的。有了大数据分析技术的支持，跨境电商企业可以很容易地从海量的数据中分析出消费者的需求，进而推出更符合消费者需求的产品或服务，同时还能够进行针对性地调整和优化。在跨境电商中，也可以应用大数据技术解决目标群体识别和消费者偏好预测问题。消费者在跨境电商平台上产生了大量的消费行为数据。具体来讲，消费者行为可以分为搜索行为、浏览行为、对比行为和购买行为，这四种行为均会被电商平台记录下来，搜索行为产生搜索人次，浏览与对比行为产生点击量，购买行为产生付款次数。平台通过统计、对比、分析消费者产生的这些数据，可以分析消费者的购买意图、消费习惯，构建出用户画像，从而进行目标群体识别和消费者偏好预测。

早在2006年，eBay就意识到大数据所带来的影响，并开始组建大数据技术分析平台。该平台定义了成百上千种类型的数据，并以此对顾客的行为进行跟踪分析，以判断消费者的购物行为。eBay不仅记录消费者的日常交易信息，还记录消费者每一次探索浏览的过程，从其设定的成百上千种情景模型中计算出用户可能的需求。

亚马逊通过对消费者的行为进行分析，可以对客户访问页面和转化数据进行分析，按照标题、购物车、客户搜索路径等以及独特的推荐算法来预测可能会购买的商品。依靠这项技术，亚马逊在精准营销、个性化定制方面成了跨境电商领域的佼佼者。

（三）大数据技术在引流推广中的应用

引流推广的目的在于锁定商品的潜在消费群体，并对其进行精准营销，达成交易。这一点对于跨境电商非常重要，商家可以通过大数据获取到远在异国他乡的消费者信息，并制定针对性的营销方案。

解决引流推广问题，第一步要挖掘商品目标用户、潜在用户数据。通过大数据技术可以找到商品的消费群体，如抽取消费样本，统计分析消费水平、年龄分布、性别比例等，针对不同消费水平、年龄等采取不同对策；第二步，建立商品的消费者分析模型，依据模型精准锁定目标用户，根据商品适用人群选择目标消费者；第三步，确立定向用户数据及媒体投放建议，这就如同文章中的关键词，方便消费者在平台上寻找。

数据分析还可以帮助跨境电商企业区别消费者的年龄、浏览时间、地点及当时的天气等因素，适时地推送给用户最想要的商品，或者给商家提供各式各样的"情报"，向商家提出销售建议。比如，某个消费者一登录浏览eBay网站，eBay能很快地推断出这位用户潜在的需求，并在综合各种考量因素后，对个体消费者进行营销信息推送。目前，亚马逊和速卖通也都推出了官方用户画像功能，够为卖家提供一些思路。例如，如何定价、如何快速引流客户、如何进行营销等。

总之，大数据可以帮助跨境电商企业更接近用户，更了解用户。未来，大数据技术在跨境电商网络营销中会得到更加广泛深入的应用，进而实现跨境电商的精准营销管理活动，促进跨境电商的可持续发展。

思考题

1. 找一个感兴趣的跨境电商服装品牌，分析并评价其采用的网络营销方法。
2. 找一个感兴趣的跨境电商平台，了解其提供的网络营销服务。
3. 举例说明大数据技术在服装网络营销中的应用。

参考文献

[1] 速卖通大学. 跨境电商:阿里巴巴速卖通宝典 [M]. 北京:电子工业出版社,2015.

[2] 丁晖,等. 跨境电商多平台运营:实战基础 [M]. 北京:电子工业出版社,2017.

[3] 叶杨翔,吴奇帆. 跨境电子商务多平台运营 [M]. 北京:电子工业出版社,2017.

[4] 易静,等. 跨境电商实务操作教程 [M]. 武汉:武汉大学出版社,2017.

[5] 李鹏博. 揭秘跨境电商 [M]. 北京:电子工业出版社,2015.

[6] 熊励. 2017—2018 中国跨境电子商务竞争生态发展报告 [M]. 北京:中国海关出版社,2018.

[7] 林俊峰,彭月嫦. 跨境电商实务 [M]. 广州:暨南大学出版社,2016:39-50,61-79.

[8] 探谋网络科技. 进口跨境电商有哪些支付手段？ [OL]. 2017-05-24[引用日期 2019-08-04] https://www.zhihu.com/question/60231626/answer/173753210.

[9] 李虹含. 第三方平台拓展跨境电子支付 [OL] 2017-10-16[引用日期 2019-08-04]. https://www.weiyangx.com/264235.html.

[10] 和讯财经. 谈谈电子支付和第三方电子平台 [OL]. 2009-06-24[引用日期 2019-08-02] http://bank.hexun.com/2009-06-24/118958726.html.

[11] 深圳市跨境电子商务协会. 电商出口,你所关心的"钱"事(上):跨境电商出口收款合规要览 [OL]. 2018-10-15[引用日期 2019-09-04]. http://www.sohu.com/a/259650853_200178.

[12] 网经社—电子商务研究中心. 2018 年度中国跨境电商市场数据监测报告 [R/OL]. 2019-06-05[引用日期 2019-08-12]. http://www.100ec.cn/zt/2018kjsj/.

附录

附录一　跨境电商政策梳理

　　跨境电子商务的迅猛发展，离不开国家政策的支持，而政策的出台，也意味着我国跨境电商逐渐步入规范化发展阶段。跨境电商对平台、物流、支付、通关等环节提出新的要求，国家不断推出信息、支付、清算、物流、报税等多方面的政策，用以规范和促进跨境电子商务的发展。跨境电商相关政策的出台，极大地推动了我国跨境电商市场的发展，使得企业在运营成本控制、业务流程提效、税收等多方面获得了多重利好。附表1-1对2012年以来国务院和海关总署、商务部、发改委、外汇管理局、质检总局，财政部，国家税务总局等部委发布的我国跨境电商相关政策和制度按时间顺序做了梳理，供读者参考。

附表1-1　近年中国跨境电子商务相关政策

序号	政策文件	发布时间	发布单位	主要内容
1	《关于促进电子商务健康快速发展有关工作的通知》	2012年2月	国家发改委等8部门	八部委联合成立国家电子商务示范城市创建工作专家委；研究跨境贸易电子商务便利化措施，提高通关管理和服务水平，海关总署牵头推动地方电子口岸开展跨境贸易电子商务服务，并在相关示范城市组织开展试点
2	《关于利用电子商务平台开展对外贸易的若干意见》	2012年3月	商务部	明确为电子商务平台开展对外贸易提供政策支持，鼓励电子商务平台通过自建或合作方式提供优质高效的支付、物流、报关、金融、保险等配套服务，实现"一站式"贸易
3	《关于组织开展国家电子商务示范城市电子商务试点专项的通知》	2012年5月	国家发改委	针对以快件或邮件方式通关的跨境贸易电子商务存在难以快速通关、规范结汇及退税等问题，由海关总署组织有关示范城市开展跨境贸易电子商务试点工作
4	《关于进一步促进电子商务健康快速发展有关工作的通知》	2013年4月	国家发改委等13部门	继续推进国家电子商务示范城市创建工作；完善跨境贸易电子商务通关服务，联合推动综合试点工作，加快完善支持电子商务创新的法规政策环境
5	《关于促进进出口稳增长、调结构的若干意见》	2013年7月	国务院办公厅	积极研究跨境电商方式出口所遇到的海关监管、退税、检验、外汇收支、统计等问题，完善相关政策，抓紧在有条件的地方先行试点
6	《关于实施支持跨境电子商务零售出口有关政策的意见》	2013年8月	商务部、海关总署等8部门	对跨境电子商务零售出口做了明确界定；明确电子商务出口经营主体分类，并要求注册、备案；建立适应电子商务出口的新型海关监管模式并进行专项统计；对检验监管模式、企业收结汇、支付服务、税收政策、出口信用体系等方面提出指导意见

续表

序号	政策文件	发布时间	发布单位	主要内容
7	《关于跨境电子商务零售出口税收政策的通知》	2013年12月	财政部、国家税务总局	明确跨境电商零售出口适用增值税、消费税退（免）税政策
8	《关于增列海关监管方式代码的公告》（海关总署公告2014年第12号）	2014年1月	海关总署	增列海关监管方式代码"9610"，全称"跨境贸易电子商务"，适用于采用"清单核放、汇总申报"模式办理通关手续的电子商务零售进出口商品，即允许备案后的企业可以在订单、支付单、物流单"三单一致"的情况下集中申报通关
9	《关于跨境贸易电子商务服务试点网购保税进口模式有关问题的通知》	2014年3月	海关总署	对拥有跨境电商进口试点资格的上海、杭州、宁波、郑州、广州、重庆等六个城市的保税进口模式进行规范，明确了网购保税进口模式试点商品范围、购买金额和数量、征税及企业管理等问题
10	《关于支持外贸稳定增长的若干意见》	2014年5月	国务院办公厅	提出促进进出口平稳增长的16条举措，出台跨境电商贸易便利化措施
11	《关于跨境贸易电子商务进出境货物、物品有关监管事宜的公告》（海关总署公告2014年第56号）	2014年7月	海关总署	明确了对于通过已与海关联网的电子商务平台进行交易的跨境贸易货物、物品的监管办法
12	《关于增列海关监管方式代码的公告》（海关总署公告2014年第57号）	2014年7月	海关总署	增列海关监管方式代码"1210"，全称"保税跨境贸易电子商务"，适用于境内个人或电子商务企业在经海关认可的电子商务平台实现跨境交易，并通过海关特殊监管区域或保税监管场所进出的电子商务零售进出境商品
13	《关于加强进口的若干意见》	2014年11月	国务院办公厅	加快出台支持跨境电商发展的指导意见
14	《支付机构跨境外汇支付业务试点指导意见》	2015年1月	国家外汇管理局	便利机构、个人通过互联网进行电子商务交易、规范支付机构跨境互联网支付业务发展，防止互联网渠道跨境资金流动风险
15	《关于同意设立中国（杭州）跨境电子商务综合试验区的批复》	2015年3月	国务院	全国第一个跨境电商综合试验区落户杭州
16	《关于大力发展电子商务加快培育经济新动力的意见》	2015年5月	国务院	加强电子商务国际合作、提升跨境电商通关效率，推动电子商务走出去
17	《海关总署关于调整跨境贸易电子商务监管海关作业时间和通关时限要求有关事宜的通知》	2015年5月	海关总署	海关对跨境贸易电子商务监管实行"全年（365天）无休日、货到海关监管场所24小时内办结海关手续"的作业时间和通关时限要求
18	《关于加快培育外贸竞争新优势的若干意见》	2015年5月	国务院	积极开展跨境电商综合改革试点工作、抓紧研究制定促进跨境电商发展的指导意见。鼓励电子商务企业建立规范化"海外仓"模式融入境外零售体系
19	《"互联网+流通"行动计划》	2015年5月	商务部	协同推进跨境电商"单一窗口"综合服务体系建设，加强知识产权和消费者权益保护，加快电子商务海外营销渠道建设，参与和主导电子商务国际规则制定

续表

序号	政策文件	发布时间	发布单位	主要内容
20	《关于进一步发挥检验检疫职能作用促进跨境电商发展的公告》	2015年5月	质检总局	构建符合跨境电商发展的检验检疫工作体制机制，建立跨境电商清单管理机制，实施跨境电商备案管理
21	《关于促进跨境电子商务健康快速发展的指导意见》	2015年6月	国务院	新形势下促进跨境电商快速发展的指导性文件，提出十二条指导性意见。提出培育一批公共平台、外贸综合服务企业和自建平台，鼓励国内企业与境外电子商务企业强强联合
22	《关于加强跨境电子商务进出口消费品检验监管工作的指导意见》	2015年7月	质检总局	提出建立跨境电商进出口消费品监管新模式，完善跨境电商消费品线上线下监督抽查工作机制，首次明确跨境电商企业的质量安全主体责任，加大跨境电商领域假冒伪劣消费品打击力度，推动跨境电商产品质量的把控
23	《关于加强跨境电子商务网购保税进口监管工作的函》	2015年9月	海关总署	要求试点城市严格按照现有规则执行，强调网购保税进口只能在经批准开展跨境贸易电子商务服务试点城市的海关特殊监管区域或保税物流中心（B型）开展，非跨境贸易电子商务服务试点城市不得开展网购保税进口业务
24	《关于进出口货物报关单修改和撤销业务无纸化相关事宜的公告》	2015年12月	海关总署	在全国开展进出口货物报关单修改和撤销业务无纸化
25	《关于同意在天津等12个城市设立跨境电子商务综合试验区的批复》	2016年1月	国务院	同意在天津、上海、重庆、合肥、郑州、广州、成都、大连、宁波、青岛、深圳、苏州等12个城市设立跨境电子商务综合试验区，借鉴杭州的经验和做法，着力在跨境B2B方式相关环节的技术标准、业务流程、监管模式和信息化建设等方面先行先试
26	关于启用新快件通关系统相关事宜的公告	2016年3月	海关总署	海关自2016年6月1日起启用新版快件通关管理系统，适用于文件类（A类）、个人物品类（B类）和低值货物类（C类）价值在5000元人民币（不包括运、保、杂费等）及以下的货物（涉及许可证件管制的，需要办理出口退税、出口收汇或者进口付汇的除外）进出境快件报关
27	《关于跨境电子商务零售进口税收政策的通知》	2016年3月	财政部、海关总署、国家税务总局	要求跨境电商零售进口商品不再按物品征收行邮税，而是按货物征收关税、增值税、消费税等。政策适用于《跨境电子商务零售进口商品清单》中能够提供交易、支付、物流等电子信息的商品。明确单次交易限值和年度交易限值内外的进口税率，2016年4月8日起执行
28	《关于公布跨境电子商务零售进口商品清单的公告》	2016年4月	财政部、发展改革委等11个部门	发布跨境电子商务零售进口商品清单，并明确了商品涉及的许可证、通关单等问题
	《关于公布跨境电子商务零售进口商品清单（第二批）的公告》	2016年4月		

续表

序号	政策文件	发布时间	发布单位	主要内容
29	《关于跨境电子商务零售进出口商品有关监管事宜的公告》（海关总署公告2016年第26号）	2016年4月	海关总署	电子商务企业、个人通过电子商务交易平台实现零售进出口商品交易，接受海关监管；在企业管理、通关管理、税收征管、物流监控等方面做出要求。2016年4月8日起实施，海关总署公告2014年第56号同时废止
30	《质检总局关于跨境电商零售进口通关单政策的说明》	2016年5月	质检总局	在通关单管理上采取便利措施，通关单仅针对网购保税商品，对直购商品免于签发通关单；只有"法检目录"内商品才需凭通关单验放；实施通关单联网核查等
31	《海关总署关于执行跨境电子商务零售进口新的监管要求有关事宜的通知》	2016年5月	海关总署	关于网购保税模式，过渡期内，在试点城市（上海、杭州、宁波、郑州、广州、深圳、重庆、天津、福州、平潭）继续按税收新政实施前的监管要求进行监管；关于直购模式，暂不执行有关首次进口许可证、注册或备案要求
32	《国务院关于促进外贸回稳向好的若干意见》	2016年5月	国务院	加大对外贸新业态的支持力度：开展并扩大跨境电子商务试点；支持建设"海外仓"和海外运营中心；总结中国（杭州）跨境电子商务综合试验区经验，扩大试点范围，对试点地区符合监管条件的出口企业，如不能提供进项税发票，按规定实行增值税免征不退政策；抓紧完善外贸综合服务企业退（免）税分类管理办法
33	《关于明确跨境电商进口商品完税价格认定问题的通知》	2016年7月	海关总署	明确完税价格认定原则，对优惠促销的认定原则和运费、保险费的认定原则
34	《关于跨境电子商务进口统一版信息化系统企业接入事宜公告》（海关总署公告2016年第57号）	2016年10月	海关总署	免费提供进口统一版系统清单录入功能；免费提供进口统一版系统客户端软件；公开进口统一版系统企业对接报文标准
35	《关于增列海关监管方式代码的公告》（海关总署公告2016年第75号）	2016年12月	海关总署	增列海关监管方式代码"1239"，全称"保税跨境贸易电子商务A"，适用于境内电子商务企业通过海关特殊监管区域或保税物流中心（B型）一线进境的跨境电子商务零售进口商品
36	关于加强跨境电子商务网购保税进口监管工作的通知	2016年12月	海关总署	网购保税进口商品一线进境申报环节，申报进入天津、上海、杭州、宁波、福州、平潭、郑州、广州、深圳、重庆等10个城市区域（中心）的，监管方式应填报"保税电商"（监管代码1210），暂不验核通关单，暂不执行《跨境电子商务零售进口商品清单》备注中关于化妆品、婴幼儿配方奶粉、医疗器械、特殊食品（包括保健食品、特殊医学用途配方食品等）的首次进口许可证、注册或备案要求；申报进入其他城市区域（中心）的，监管方式应填报"保税电商A"（监管代码1239）。对满足海关监管要求的企业，可以采取"先进区、后报关"的方式办理网购保税进口商品一线进境通关手续，入区域（中心）的网购保税进口商品须在14天内办理报关手续

续表

序号	政策文件	发布时间	发布单位	主要内容
37	《质检总局关于跨境电商零售进出口检验检疫信息化管理系统数据接入规范的公告》	2017年6月	质检总局	对零售进出口检验检疫信息化管理系统涉及的经营主体、第三方平台相关事宜进行说明。要求跨境电商经营主体、第三方平台对于其向出入境检验检疫局所申报及传输电子数据
38	《中华人民共和国海关监管区管理暂行办法》	2017年8月	海关总署	适用于海关对海关监管区（海关对进出境运输工具、货物、物品实施监督管理的场所和地点，包括海关特殊监管区域、保税监管场所、海关监管作业场所、免税商店以及其他有海关监管业务的场所和地点）的管理
39	《国务院关税税则委员会关于调整部分消费品进口关税的通知》	2017年11月	国务院	自2017年12月1日起，以暂定税率方式降低部分消费品进口关税
40	《关于复制推广跨境电子商务综合试验区探索形成的成熟经验做法的函》	2017年11月	商务部等14部门	表示跨境电商线上综合服务和线下产业园区"两平台"及信息共享、金融服务、智能物流、风险防控等监管和服务"六体系"等做法已成熟，可面向全国复制推广
41	《关于同意在北京等22个城市设立跨境电子商务综合试验区的批复》	2018年7月	国务院	同意在北京、呼和浩特、沈阳、长春、哈尔滨、南京、南昌、武汉、长沙、南宁、海口、贵阳、昆明、西安、兰州、厦门、唐山、无锡、威海、珠海、东莞、义乌等22个城市设立跨境电子商务综合试验区
42	《关于调整跨境电商零售进口商品清单的公告》	2018年11月	财政部等13个部门	公布2018年版清单，2019年1月1日起实施。前两批清单废止
43	《关于完善跨境电子商务零售进口监管有关工作的通知》	2018年11月	商务部等6部门	延续实施跨境电商零售进口现行监管政策，对跨境电商零售进口商品不执行首次进口许可批件、注册或备案要求，而按个人自用进境物品监管。提出按照"政府部门、跨境电商企业、跨境电商平台、境内服务商、消费者各负其责"的原则，明确各方责任，实施有效监管。2019年1月1日起执行
44	《关于完善跨境电子商务零售进口税收政策的通知》	2018年11月	财政部、海关总署、税务总局	调整跨境电子商务零售进口商品的单次和年度交易限值及税收政策，2019年1月1日起执行
45	《关于跨境电子商务零售进出口商品有关监管事宜的公告》	2018年12月	海关总署	2019年1月1日起实施。海关总署公告2016年第26号同时废止
46	《关于跨境电子商务企业海关注册登记管理有关事宜的公告》	2018年12月	海关总署	进一步规范参与跨境电子商务的企业海关注册登记管理有关规定。2019年1月1日起施行，海关总署公告2018年第27号同时废止
47	《关于调整进境物品进口税有关问题的通知》	2019年4月	国务院关税税则委员会	自9日起，行邮税税目一、二的税率分别由15%、25%调降为13%、20%；税目三的税率维持50%不变
48	《支付机构外汇业务管理办法》	2019年4月	国家外汇管理局	要求支付机构须在办理贸易外汇收支企业名录登记后方可开展外汇业务。同时规定了支付机构的市场交易主体管理、交易审核、账户管理、信息采集与报送的相关要求，以及支付机构违反相关规定的罚则

附录二　中华人民共和国电子商务法

（2018年8月31日第十三届全国人民代表大会常务委员会第五次会议通过）

第一章　总　　则

第一条　为了保障电子商务各方主体的合法权益，规范电子商务行为，维护市场秩序，促进电子商务持续健康发展，制定本法。

第二条　中华人民共和国境内的电子商务活动，适用本法。

本法所称电子商务，是指通过互联网等信息网络销售商品或者提供服务的经营活动。

法律、行政法规对销售商品或者提供服务有规定的，适用其规定。金融类产品和服务，利用信息网络提供新闻信息、音视频节目、出版以及文化产品等内容方面的服务，不适用本法。

第三条　国家鼓励发展电子商务新业态，创新商业模式，促进电子商务技术研发和推广应用，推进电子商务诚信体系建设，营造有利于电子商务创新发展的市场环境，充分发挥电子商务在推动高质量发展、满足人民日益增长的美好生活需要、构建开放型经济方面的重要作用。

第四条　国家平等对待线上线下商务活动，促进线上线下融合发展，各级人民政府和有关部门不得采取歧视性的政策措施，不得滥用行政权力排除、限制市场竞争。

第五条　电子商务经营者从事经营活动，应当遵循自愿、平等、公平、诚信的原则，遵守法律和商业道德，公平参与市场竞争，履行消费者权益保护、环境保护、知识产权保护、网络安全与个人信息保护等方面的义务，承担产品和服务质量责任，接受政府和社会的监督。

第六条　国务院有关部门按照职责分工负责电子商务发展促进、监督管理等工作。县级以上地方各级人民政府可以根据本行政区域的实际情况，确定本行政区域内电子商务的部门职责划分。

第七条　国家建立符合电子商务特点的协同管理体系，推动形成有关部门、电子商务行业组织、电子商务经营者、消费者等共同参与的电子商务市场治理体系。

第八条　电子商务行业组织按照本组织章程开展行业自律，建立健全行业规范，推动行业诚信建设，监督、引导本行业经营者公平参与市场竞争。

第二章　电子商务经营者

第一节　一般规定

第九条　本法所称电子商务经营者，是指通过互联网等信息网络从事销售商品或者提供服务的经营活动的自然人、法人和非法人组织，包括电子商务平台经营者、平台内经营者以及通过自建网站、其他网络服务销售商品或者提供服务的电子商务经营者。

本法所称电子商务平台经营者，是指在电子商务中为交易双方或者多方提供网络经营场所、交易撮合、信息发布等服务，供交易双方或者多方独立开展交易活动的法人或者非法人组织。

本法所称平台内经营者，是指通过电子商务平台销售商品或者提供服务的电子商务经营者。

第十条　电子商务经营者应当依法办理市场主体登记。但是，个人销售自产农副产品、家庭手工业产品，个人利用自己的技能从事依法无须取得许可的便民劳务活动和零星小额交易活动，以及依照法律、行政法规不需要进行登记的除外。

第十一条　电子商务经营者应当依法履行纳税义务，并依法享受税收优惠。

依照前条规定不需要办理市场主体登记的电子商务经营者在首次纳税义务发生后，应当依照税收征收管理法律、行政法规的规定申请办理税务登记，并如实申报纳税。

第十二条　电子商务经营者从事经营活动，依法需要取得相关行政许可的，应当依法取得行政许可。

第十三条　电子商务经营者销售的商品或者提供的服务应当符合保障人身、财产安全的要求和环境保护要求，不得销售或者提供法律、行政法规禁止交易的商品或者服务。

第十四条　电子商务经营者销售商品或者提供服务应当依法出具纸质发票或者电子发票等购货凭证或者服务单据。电子发票与纸质发票具有同等法律效力。

第十五条　电子商务经营者应当在其首页显著位置，持续公示营业执照信息、与其经营业务有关的行政许可信息、属于依照本法第十条规定的不需要办理市场主体登记情形等信息，或者上述信息的链接标识。

前款规定的信息发生变更的，电子商务经营者应当及时更新公示信息。

第十六条　电子商务经营者自行终止从事电子商务的，应当提前三十日在首页显著位置持续公示有关信息。

第十七条　电子商务经营者应当全面、真实、准确、及时地披露商品或者服务信息，保障消费者的知情权和选择权。电子商务经营者不得以虚构交易、编造用户评价等方式进行虚假或者引人误解的商业宣传，欺骗、误导消费者。

第十八条　电子商务经营者根据消费者的兴趣爱好、消费习惯等特征向其提供商品或者服务的搜索结果的，应当同时向该消费者提供不针对其个人特征的选项，尊重和平等保护消费者合法权益。

电子商务经营者向消费者发送广告的，应当遵守《中华人民共和国广告法》的有关规定。

第十九条　电子商务经营者搭售商品或者服务，应当以显著方式提请消费者注意，不得将搭售商品或者服务作为默认同意的选项。

第二十条　电子商务经营者应当按照承诺或者与消费者约定的方式、时限向消费者交付商品或者服务，并承担商品运输中的风险和责任。但是，消费者另行选择快递物流服务提供者的除外。

第二十一条　电子商务经营者按照约定向消费者收取押金的，应当明示押金退还的方式、程序，不得对押金退还设置不合理条件。消费者申请退还押金，符合押金退还条件的，电子商务经营者应当及时退还。

第二十二条　电子商务经营者因其技术优势、用户数量、对相关行业的控制能力以及其他经营者对该电子商务经营者在交易上的依赖程度等因素而具有市场支配地位的，不得滥用市场支配地位，排除、限制竞争。

第二十三条　电子商务经营者收集、使用其用户的个人信息，应当遵守法律、行政法规有关个人信息保护的规定。

第二十四条　电子商务经营者应当明示用户信息查询、更正、删除以及用户注销的方式、程序，不得对用户信息查询、更正、删除以及用户注销设置不合理条件。

电子商务经营者收到用户信息查询或者更正、删除的申请的，应当在核实身份后及时提供查询或者更正、删除用户信息。用户注销的，电子商务经营者应当立即删除该用户的信息；依照法律、行政法规的规定或者双方约定保存的，依照其规定。

第二十五条　有关主管部门依照法律、行政法规的规定要求电子商务经营者提供有关电子商务数据信息的，电子商务经营者应当提供。有关主管部门应当采取必要措施保护电子商务经营者提供的数据信息的安全，并对其中的个人信息、隐私和商业秘密严格保密，不得泄露、出售或者非法向他人提供。

第二十六条　电子商务经营者从事跨境电子商务，应当遵守进出口监督管理的法律、行政法规和国家有关规定。

第二节　电子商务平台经营者

第二十七条　电子商务平台经营者应当要求申请进入平台销售商品或者提供服务的经营者提交其身份、地址、联系方式、行政许可等真实信息，进行核验、登记，建立登记档案，并定期核验更新。

电子商务平台经营者为进入平台销售商品或者提供服务的非经营用户提供服务，应当遵守本节有关规定。

第二十八条　电子商务平台经营者应当按照规定向市场监督管理部门报送平台内经营者的身份信息，提示未办理市场主体登记的经营者依法办理登记，并配合市场监督管理部门，针对电子商务的特点，为应当办理市场主体登记的经营者办理登记提供便利。

电子商务平台经营者应当依照税收征收管理法律、行政法规的规定，向税务部门报送平台内经营者的身份信息和与纳税有关的信息，并应当提示依照本法第十条规定不需要办理市场主体登记的电子商务经营者依照本法第十一条第二款的规定办理税务登记。

第二十九条　电子商务平台经营者发现平台内的商品或者服务信息存在违反本法第十二条、第十三条规定情形的，应当依法采取必要的处置措施，并向有关主管部门报告。

第三十条　电子商务平台经营者应当采取技术措施和其他必要措施保证其网络安全、稳定运行，防范网络违法犯罪活动，有效应对网络安全事件，保障电子商务交易安全。

电子商务平台经营者应当制定网络安全事件应急预案，发生网络安全事件时，应当立即启动应急预案，采取相应的补救措施，并向有关主管部门报告。

第三十一条　电子商务平台经营者应当记录、保存平台上发布的商品和服务信息、交易信息，并确保信息的完整性、保密性、可用性。商品和服务信息、交易信息保存时间自交易完成之日起不少于三年；法律、行政法规另有规定的，依照其规定。

第三十二条　电子商务平台经营者应当遵循公开、公平、公正的原则，制定平台服务协议和交易规则，明确进入和退出平台、商品和服务质量保障、消费者权益保护、个人信息保护等方面的权利和义务。

第三十三条　电子商务平台经营者应当在其首页显著位置持续公示平台服务协议和交易规则信息或者上述信息的链接标识，并保证经营者和消费者能够便利、完整地阅览和下载。

第三十四条　电子商务平台经营者修改平台服务协议和交易规则，应当在其首页显著位置公开征求意见，采取合理措施确保有关各方能够及时充分表达意见。修改内容应当至少在实施前七日予以公示。

平台内经营者不接受修改内容，要求退出平台的，电子商务平台经营者不得阻止，并按照修改前的服务协议和交易规则承担相关责任。

第三十五条　电子商务平台经营者不得利用服务协议、交易规则以及技术等手段，对平台内经营者在平台内的交易、交易价格以及与其他经营者的交易等进行不合理限制或者附加不合理条件，或者向平台内经营者收取不合理费用。

第三十六条　电子商务平台经营者依据平台服务协议和交易规则对平台内经营者违反法律、法规的行为实施警示、暂停或者终止服务等措施的，应当及时公示。

第三十七条　电子商务平台经营者在其平台上开展自营业务的，应当以显著方式区分标记自营业务和平台内经营者开展的业务，不得误导消费者。

电子商务平台经营者对其标记为自营的业务依法承担商品销售者或者服务提供者的民事责任。

第三十八条　电子商务平台经营者知道或者应当知道平台内经营者销售的商品或者提供的服务不符合保障人身、财产安全的要求，或者有其他侵害消费者合法权益行为，未采取必要措施的，依法与该平台内经营者承担连带责任。

对关系消费者生命健康的商品或者服务，电子商务平台经营者对平台内经营者的资质资格未尽到审核义务，或者对消费者未尽到安全保障义务，造成消费者损害的，依法承担相应的责任。

第三十九条　电子商务平台经营者应当建立健全信用评价制度，公示信用评价规则，为消费者提供对平台内销售的商品或者提供的服务进行评价的途径。

电子商务平台经营者不得删除消费者对其平台内销售的商品或者提供的服务的评价。

第四十条　电子商务平台经营者应当根据商品或者服务的价格、销量、信用等以多种方式向消费者显示商品或者服务的搜索结果；对于竞价排名的商品或者服务，应当显著标明"广告"。

第四十一条　电子商务平台经营者应当建立知识产权保护规则，与知识产权权利人加强合作，依法保护知识产权。

第四十二条　知识产权权利人认为其知识产权受到侵害的，有权通知电子商务平台经营者采取删除、屏蔽、断开链接、终止交易和服务等必要措施。通知应当包括构成侵权的初步证据。

电子商务平台经营者接到通知后，应当及时采取必要措施，并将该通知转送平台内经营者；未及时采取必要措施的，对损害的扩大部分与平台内经营者承担连带责任。

因通知错误造成平台内经营者损害的，依法承担民事责任。恶意发出错误通知，造成平台内经营者损失的，加倍承担赔偿责任。

第四十三条　平台内经营者接到转送的通知后，可以向电子商务平台经营者提交不存在侵权行为的声明。声明应当包括不存在侵权行为的初步证据。

电子商务平台经营者接到声明后，应当将该声明转送发出通知的知识产权权利人，并告知其可以向有关主管部门投诉或者向人民法院起诉。电子商务平台经营者在转送声明到达知识产权权利人后十五日内，未收到权利人已经投诉或者起诉通知的，应当及时终止所采取的措施。

第四十四条　电子商务平台经营者应当及时公示收到的本法第四十二条、第四十三条规定的通知、声明及处理结果。

第四十五条　电子商务平台经营者知道或者应当知道平台内经营者侵犯知识产权的，应当采取删除、屏蔽、断开链接、终止交易和服务等必要措施；未采取必要措施的，与侵权人承担连带责任。

第四十六条　除本法第九条第二款规定的服务外，电子商务平台经营者可以按照平台服务协议和交易规则，为经营者之间的电子商务提供仓储、物流、支付结算、交收等服务。电子商务平台经营者为经营者之间的电子商务提供服务，应当遵守法律、行政法规和国家有关规定，不得采取集中竞价、做市商等集中交易方式进行交易，不得进行标准化合约交易。

第三章　电子商务合同的订立与履行

第四十七条　电子商务当事人订立和履行合同，适用本章和《中华人民共和国民法总则》《中华人民共和国合同法》《中华人民共和国电子签名法》等法律的规定。

第四十八条　电子商务当事人使用自动信息系统订立或者履行合同的行为对使用该系统的

当事人具有法律效力。

在电子商务中推定当事人具有相应的民事行为能力。但是，有相反证据足以推翻的除外。

第四十九条　电子商务经营者发布的商品或者服务信息符合要约条件的，用户选择该商品或者服务并提交订单成功，合同成立。当事人另有约定的，从其约定。

电子商务经营者不得以格式条款等方式约定消费者支付价款后合同不成立；格式条款等含有该内容的，其内容无效。

第五十条　电子商务经营者应当清晰、全面、明确地告知用户订立合同的步骤、注意事项、下载方法等事项，并保证用户能够便利、完整地阅览和下载。

电子商务经营者应当保证用户在提交订单前可以更正输入错误。

第五十一条　合同标的为交付商品并采用快递物流方式交付的，收货人签收时间为交付时间。合同标的为提供服务的，生成的电子凭证或者实物凭证中载明的时间为交付时间；前述凭证没有载明时间或者载明时间与实际提供服务时间不一致的，实际提供服务的时间为交付时间。

合同标的为采用在线传输方式交付的，合同标的进入对方当事人指定的特定系统并且能够检索识别的时间为交付时间。

合同当事人对交付方式、交付时间另有约定的，从其约定。

第五十二条　电子商务当事人可以约定采用快递物流方式交付商品。

快递物流服务提供者为电子商务提供快递物流服务，应当遵守法律、行政法规，并应当符合承诺的服务规范和时限。快递物流服务提供者在交付商品时，应当提示收货人当面查验；交由他人代收的，应当经收货人同意。

快递物流服务提供者应当按照规定使用环保包装材料，实现包装材料的减量化和再利用。

快递物流服务提供者在提供快递物流服务的同时，可以接受电子商务经营者的委托提供代收货款服务。

第五十三条　电子商务当事人可以约定采用电子支付方式支付价款。

电子支付服务提供者为电子商务提供电子支付服务，应当遵守国家规定，告知用户电子支付服务的功能、使用方法、注意事项、相关风险和收费标准等事项，不得附加不合理交易条件。电子支付服务提供者应当确保电子支付指令的完整性、一致性、可跟踪稽核和不可篡改。

电子支付服务提供者应当向用户免费提供对账服务以及最近三年的交易记录。

第五十四条　电子支付服务提供者提供电子支付服务不符合国家有关支付安全管理要求，造成用户损失的，应当承担赔偿责任。

第五十五条　用户在发出支付指令前，应当核对支付指令所包含的金额、收款人等完整信息。

支付指令发生错误的，电子支付服务提供者应当及时查找原因，并采取相关措施予以纠正。造成用户损失的，电子支付服务提供者应当承担赔偿责任，但能够证明支付错误非自身原因造成的除外。

第五十六条　电子支付服务提供者完成电子支付后，应当及时准确地向用户提供符合约定方式的确认支付的信息。

第五十七条　用户应当妥善保管交易密码、电子签名数据等安全工具。用户发现安全工具遗失、被盗用或者未经授权的支付的，应当及时通知电子支付服务提供者。

未经授权的支付造成的损失，由电子支付服务提供者承担；电子支付服务提供者能够证明未经授权的支付是因用户的过错造成的，不承担责任。

电子支付服务提供者发现支付指令未经授权，或者收到用户支付指令未经授权的通知时，应当立即采取措施防止损失扩大。电子支付服务提供者未及时采取措施导致损失扩大的，对损失扩大部分承担责任。

第四章　电子商务争议解决

第五十八条　国家鼓励电子商务平台经营者建立有利于电子商务发展和消费者权益保护的商品、服务质量担保机制。

电子商务平台经营者与平台内经营者协议设立消费者权益保证金的，双方应当就消费者权益保证金的提取数额、管理、使用和退还办法等作出明确约定。

消费者要求电子商务平台经营者承担先行赔偿责任以及电子商务平台经营者赔偿后向平台内经营者的追偿，适用《中华人民共和国消费者权益保护法》的有关规定。

第五十九条　电子商务经营者应当建立便捷、有效的投诉、举报机制，公开投诉、举报方式等信息，及时受理并处理投诉、举报。

第六十条　电子商务争议可以通过协商和解，请求消费者组织、行业协会或者其他依法成立的调解组织调解，向有关部门投诉，提请仲裁，或者提起诉讼等方式解决。

第六十一条　消费者在电子商务平台购买商品或者接受服务，与平台内经营者发生争议时，电子商务平台经营者应当积极协助消费者维护合法权益。

第六十二条　在电子商务争议处理中，电子商务经营者应当提供原始合同和交易记录。因电子商务经营者丢失、伪造、篡改、销毁、隐匿或者拒绝提供前述资料，致使人民法院、仲裁机构或者有关机关无法查明事实的，电子商务经营者应当承担相应的法律责任。

第六十三条　电子商务平台经营者可以建立争议在线解决机制，制定并公示争议解决规则，根据自愿原则，公平、公正地解决当事人的争议。

第五章　电子商务促进

第六十四条　国务院和省、自治区、直辖市人民政府应当将电子商务发展纳入国民经济和社会发展规划，制定科学合理的产业政策，促进电子商务创新发展。

第六十五条　国务院和县级以上地方人民政府及其有关部门应当采取措施，支持、推动绿色包装、仓储、运输，促进电子商务绿色发展。

第六十六条　国家推动电子商务基础设施和物流网络建设，完善电子商务统计制度，加强电子商务标准体系建设。

第六十七条　国家推动电子商务在国民经济各个领域的应用，支持电子商务与各产业融合发展。

第六十八条　国家促进农业生产、加工、流通等环节的互联网技术应用，鼓励各类社会资源加强合作，促进农村电子商务发展，发挥电子商务在精准扶贫中的作用。

第六十九条　国家维护电子商务交易安全，保护电子商务用户信息，鼓励电子商务数据开发应用，保障电子商务数据依法有序自由流动。

国家采取措施推动建立公共数据共享机制，促进电子商务经营者依法利用公共数据。

第七十条　国家支持依法设立的信用评价机构开展电子商务信用评价，向社会提供电子商务信用评价服务。

第七十一条　国家促进跨境电子商务发展，建立健全适应跨境电子商务特点的海关、税收、进出境检验检疫、支付结算等管理制度，提高跨境电子商务各环节便利化水平，支持跨境电子商务平台经营者等为跨境电子商务提供仓储物流、报关、报检等服务。

国家支持小型微型企业从事跨境电子商务。

第七十二条　国家进出口管理部门应当推进跨境电子商务海关申报、纳税、检验检疫等环节的综合服务和监管体系建设，优化监管流程，推动实现信息共享、监管互认、执法互助，提高跨境电子商务服务和监管效率。跨境电子商务经营者可以凭电子单证向国家进出口管理部门办理有关手续。

第七十三条　国家推动建立与不同国家、地区之间跨境电子商务的交流合作，参与电子商务国际规则的制定，促进电子签名、电子身份等国际互认。

国家推动建立与不同国家、地区之间的跨境电子商务争议解决机制。

第六章　法律责任

第七十四条　电子商务经营者销售商品或者提供服务，不履行合同义务或者履行合同义务不符合约定，或者造成他人损害的，依法承担民事责任。

第七十五条　电子商务经营者违反本法第十二条、第十三条规定，未取得相关行政许可从事经营活动，或者销售、提供法律、行政法规禁止交易的商品、服务，或者不履行本法第二十五条规定的信息提供义务，电子商务平台经营者违反本法第四十六条规定，采取集中交易方式进行交易，或者进行标准化合约交易的，依照有关法律、行政法规的规定处罚。

第七十六条　电子商务经营者违反本法规定，有下列行为之一的，由市场监督管理部门责令限期改正，可以处一万元以下的罚款，对其中的电子商务平台经营者，依照本法第八十一条第一款的规定处罚：

（一）未在首页显著位置公示营业执照信息、行政许可信息、属于不需要办理市场主体登记情形等信息，或者上述信息的链接标识的；

（二）未在首页显著位置持续公示终止电子商务的有关信息的；

（三）未明示用户信息查询、更正、删除以及用户注销的方式、程序，或者对用户信息查询、更正、删除以及用户注销设置不合理条件的。

电子商务平台经营者对违反前款规定的平台内经营者未采取必要措施的，由市场监督管理部门责令限期改正，可以处二万元以上十万元以下的罚款。

第七十七条　电子商务经营者违反本法第十八条第一款规定提供搜索结果，或者违反本法第十九条规定搭售商品、服务的，由市场监督管理部门责令限期改正，没收违法所得，可以并处五万元以上二十万元以下的罚款；情节严重的，并处二十万元以上五十万元以下的罚款。

第七十八条　电子商务经营者违反本法第二十一条规定，未向消费者明示押金退还的方式、程序，对押金退还设置不合理条件，或者不及时退还押金的，由有关主管部门责令限期改正，可以处五万元以上二十万元以下的罚款；情节严重的，处二十万元以上五十万元以下的罚款。

第七十九条　电子商务经营者违反法律、行政法规有关个人信息保护的规定，或者不履行本法第三十条和有关法律、行政法规规定的网络安全保障义务的，依照《中华人民共和国网络安全法》等法律、行政法规的规定处罚。

第八十条　电子商务平台经营者有下列行为之一的，由有关主管部门责令限期改正；逾期不改正的，处二万元以上十万元以下的罚款；情节严重的，责令停业整顿，并处十万元以上五十万元以下的罚款：

（一）不履行本法第二十七条规定的核验、登记义务的；

（二）不按照本法第二十八条规定向市场监督管理部门、税务部门报送有关信息的；

（三）不按照本法第二十九条规定对违法情形采取必要的处置措施，或者未向有关主管部门报告的；

（四）不履行本法第三十一条规定的商品和服务信息、交易信息保存义务的。

法律、行政法规对前款规定的违法行为的处罚另有规定的，依照其规定。

第八十一条　电子商务平台经营者违反本法规定，有下列行为之一的，由市场监督管理部门责令限期改正，可以处二万元以上十万元以下的罚款；情节严重的，处十万元以上五十万元以下的罚款：

（一）未在首页显著位置持续公示平台服务协议、交易规则信息或者上述信息的链接标识的；

（二）修改交易规则未在首页显著位置公开征求意见，未按照规定的时间提前公示修改内容，或者阻止平台内经营者退出的；

（三）未以显著方式区分标记自营业务和平台内经营者开展的业务的；

（四）未为消费者提供对平台内销售的商品或者提供的服务进行评价的途径，或者擅自删除消费者的评价的。

电子商务平台经营者违反本法第四十条规定，对竞价排名的商品或者服务未显著标明"广告"的，依照《中华人民共和国广告法》的规定处罚。

第八十二条　电子商务平台经营者违反本法第三十五条规定，对平台内经营者在平台内的交易、交易价格或者与其他经营者的交易等进行不合理限制或者附加不合理条件，或者向平台内经营者收取不合理费用的，由市场监督管理部门责令限期改正，可以处五万元以上五十万元以下的罚款；情节严重的，处五十万元以上二百万元以下的罚款。

第八十三条　电子商务平台经营者违反本法第三十八条规定，对平台内经营者侵害消费者合法权益行为未采取必要措施，或者对平台内经营者未尽到资质资格审核义务，或者对消费者未尽到安全保障义务的，由市场监督管理部门责令限期改正，可以处五万元以上五十万元以下的罚款；情节严重的，责令停业整顿，并处五十万元以上二百万元以下的罚款。

第八十四条　电子商务平台经营者违反本法第四十二条、第四十五条规定，对平台内经营者实施侵犯知识产权行为未依法采取必要措施的，由有关知识产权行政部门责令限期改正；逾期不改正的，处五万元以上五十万元以下的罚款；情节严重的，处五十万元以上二百万元以下的罚款。

第八十五条　电子商务经营者违反本法规定，销售的商品或者提供的服务不符合保障人身、财产安全的要求，实施虚假或者引人误解的商业宣传等不正当竞争行为，滥用市场支配地位，或者实施侵犯知识产权、侵害消费者权益等行为的，依照有关法律的规定处罚。

第八十六条　电子商务经营者有本法规定的违法行为的，依照有关法律、行政法规的规定记入信用档案，并予以公示。

第八十七条　依法负有电子商务监督管理职责的部门的工作人员，玩忽职守、滥用职权、徇私舞弊，或者泄露、出售或者非法向他人提供在履行职责中所知悉的个人信息、隐私和商业秘密的，依法追究法律责任。

第八十八条　违反本法规定，构成违反治安管理行为的，依法给予治安管理处罚；构成犯罪的，依法追究刑事责任。

第七章　附　　则

第八十九条　本法自2019年1月1日起施行。

附录三　跨境电子商务经营主体和商品备案管理工作规范

第一条　为支持跨境电子商务发展，规范跨境电子商务经营主体和商品信息备案管理，制定本规范。

第二条　本规范所称跨境电子商务经营主体，是指从事跨境电子商务业务的企业，包括跨境电子商务商品的经营企业、物流仓储企业、跨境电子商务交易平台运营企业和与跨境电子商务相关的企业。

本规范所称跨境电子商务商品，是指通过跨境电子商务交易平台销售的进出口商品。

第三条　跨境电子商务经营主体开展跨境电子商务业务的，应当向检验检疫机构提供经营主体备案信息。

跨境电子商务商品经营企业在商品首次上架销售前，应当向检验检疫机构提供商品备案信息。

第四条　跨境电子商务经营主体应通过信息平台向检验检疫机构备案信息。质检总局建设统一的跨境电子商务检验检疫监管系统管理备案信息。

地方政府建有跨境电子商务公共信息平台的，跨境电子商务经营主体应通过公共信息平台向检验检疫机构备案信息。

地方政府未建有跨境电子商务公共信息平台的，跨境电子商务经营主体应通过检验检疫机构认可的信息平台备案信息。

第五条　跨境电子商务经营主体和商品备案信息实施一地备案、全国共享管理。同一经营主体在备案地以外检验检疫机构辖区从事跨境电子商务业务的，无须再次备案。同一经营主体在备案地以外检验检疫机构辖区销售同一种跨境电子商务商品的，无须再次备案。

备案信息发生变化的，跨境电子商务经营主体应及时向检验检疫机构更新备案信息。

第六条　跨境电子商务经营主体应通过信息平台提供"跨境电子商务经营主体备案信息"。

第七条　跨境电子商务商品经营企业应通过信息平台提供"跨境电子商务商品备案信息"。

第八条　发现以下情形的，备案信息无效：

（一）提供虚假信息的；

（二）备案信息与跨境电子商务交易平台展示信息明显不符或存在严重缺陷的；

（三）提供禁止以跨境电子商务形式进境商品信息的。

第九条　以下商品禁止以跨境电子商务形式进境：

（一）《中华人民共和国进出境动植物检疫法》规定的禁止进境物；

（二）未获得检验检疫准入的动植物产品及动植物源性食品；

（三）列入《危险化学品目录》、《危险货物品名表》、《<联合国关于危险货物运输建议书规章范本>附录三<危险货物一览表>》、《易制毒化学品的分类和品种名录》和《中国严格限制进出口的有毒化学品目录》的物品；

（四）特殊物品（取得进口药品注册证书的生物制品除外）；

（五）含可能危及公共安全的核生化有害因子的产品；

（六）废旧物品；

（七）法律法规禁止进境的其他产品和国家质量监督检验检疫总局公告禁止进境的产品。

以国际快递或邮寄方式进境的，还应符合《中华人民共和国禁止携带、邮寄进境的动植物及其产品名录》的要求。

第十条　本规范由国家质检总局负责解释。

第十一条　本规范自2016年1月1日起施行。

附录四 关于完善跨境电子商务零售进口监管有关工作的通知

商财发〔2018〕486号

为做好跨境电子商务零售进口（以下简称跨境电商零售进口）监管过渡期后政策衔接，促进跨境电商零售进口健康发展，经国务院同意，现将过渡期后有关监管安排通知如下：

一、本通知所称跨境电商零售进口，是指中国境内消费者通过跨境电商第三方平台经营者自境外购买商品，并通过"网购保税进口"（海关监管方式代码1210）或"直购进口"（海关监管方式代码9610）运递进境的消费行为。上述商品应符合以下条件：

（一）属于《跨境电子商务零售进口商品清单》内、限于个人自用并满足跨境电商零售进口税收政策规定的条件。

（二）通过与海关联网的电子商务交易平台交易，能够实现交易、支付、物流电子信息"三单"比对。

（三）未通过与海关联网的电子商务交易平台交易，但进出境快件运营人、邮政企业能够接受相关电商企业、支付企业的委托，承诺承担相应法律责任，向海关传输交易、支付等电子信息。

二、跨境电商零售进口主要包括以下参与主体：

（一）跨境电商零售进口经营者（以下简称跨境电商企业）：自境外向境内消费者销售跨境电商零售进口商品的境外注册企业，为商品的货权所有人。

（二）跨境电商第三方平台经营者（以下简称跨境电商平台）：在境内办理工商登记，为交易双方（消费者和跨境电商企业）提供网页空间、虚拟经营场所、交易规则、交易撮合、信息发布等服务，设立供交易双方独立开展交易活动的信息网络系统的经营者。

（三）境内服务商：在境内办理工商登记，接受跨境电商企业委托为其提供申报、支付、物流、仓储等服务，具有相应运营资质，直接向海关提供有关支付、物流和仓储信息，接受海关、市场监管等部门后续监管，承担相应责任的主体。

（四）消费者：跨境电商零售进口商品的境内购买人。

三、对跨境电商零售进口商品按个人自用进境物品监管，不执行有关商品首次进口许可批件、注册或备案要求。但对相关部门明令暂停进口的疫区商品，和对出现重大质量安全风险的商品启动风险应急处置时除外。

四、按照"政府部门、跨境电商企业、跨境电商平台、境内服务商、消费者各负其责"的原则，明确各方责任，实施有效监管。

（一）跨境电商企业

1. 承担商品质量安全的主体责任，并按规定履行相关义务。应委托一家在境内办理工商登记的企业，由其在海关办理注册登记，承担如实申报责任，依法接受相关部门监管，并承担民事连带责任。

2. 承担消费者权益保障责任，包括但不限于商品信息披露、提供商品退换货服务、建立不合格或缺陷商品召回制度、对商品质量侵害消费者权益的赔付责任等。当发现相关商品存在质量安全风险或发生质量安全问题时，应立即停止销售，召回已销售商品并妥善处理，防止其再次流入市场，并及时将召回和处理情况向海关等监管部门报告。

3. 履行对消费者的提醒告知义务，会同跨境电商平台在商品订购网页或其他醒目位置向消费者提供风险告知书，消费者确认同意后方可下单购买。告知书应至少包含以下内容：

（1）相关商品符合原产地有关质量、安全、卫生、环保、标识等标准或技术规范要求，但可能与我国标准存在差异。消费者自行承担相关风险。

（2）相关商品直接购自境外，可能无中文标签，消费者可通过网站查看商品中文电子标签。

（3）消费者购买的商品仅限个人自用，不得再次销售。

4. 建立商品质量安全风险防控机制，包括收发货质量管理、库内质量管控、供应商管理等。

5. 建立健全网购保税进口商品质量追溯体系，追溯信息应至少涵盖国外启运地至国内消费者的完整物流轨迹，鼓励向海外发货人、商品生产商等上游溯源。

6. 向海关实时传输施加电子签名的跨境电商零售进口交易电子数据，可自行或委托代理人向海关申报清单，并承担相应责任。

（二）跨境电商平台

1. 平台运营主体应在境内办理工商登记，并按相关规定在海关办理注册登记，接受相关部门监管，配合开展后续管理和执法工作。

2. 向海关实时传输施加电子签名的跨境电商零售进口交易电子数据，并对交易真实性、消费者身份真实性进行审核，承担相应责任。

3. 建立平台内交易规则、交易安全保障、消费者权益保护、不良信息处理等管理制度。对申请入驻平台的跨境电商企业进行主体身份真实性审核，在网站公示主体身份信息和消费者评价、投诉信息，并向监管部门提供平台入驻商家等信息。与申请入驻平台的跨境电商企业签署协议，就商品质量安全主体责任、消费者权益保障以及本通知其他相关要求等方面明确双方责任、权利和义务。

4. 对平台入驻企业既有跨境电商企业，也有国内电商企业的，应建立相互独立的区块或频道为跨境电商企业和国内电商企业提供平台服务，或以明显标识对跨境电商零售进口商品和非跨境商品予以区分，避免误导消费者。

5. 建立消费纠纷处理和消费维权自律制度，消费者在平台内购买商品，其合法权益受到损害时，平台须积极协助消费者维护自身合法权益，并履行先行赔付责任。

6. 建立商品质量安全风险防控机制，在网站醒目位置及时发布商品风险监测信息、监管部门发布的预警信息等。督促跨境电商企业加强质量安全风险防控，当商品发生质量安全问题时，敦促跨境电商企业做好商品召回、处理，并做好报告工作。对不采取主动召回处理措施的跨境电商企业，可采取暂停其跨境电商业务的处罚措施。

7. 建立防止跨境电商零售进口商品虚假交易及二次销售的风险控制体系，加强对短时间内同一购买人、同一支付账户、同一收货地址、同一收件电话反复大量订购，以及盗用他人身份进行订购等非正常交易行为的监控，采取相应措施予以控制。

8. 根据监管部门要求，对平台内在售商品进行有效管理，及时关闭平台内禁止以跨境电商零售进口形式入境商品的展示及交易页面，并将有关情况报送相关部门。

（三）境内服务商

1. 在境内办理工商登记，向海关提交相关资质证书并办理注册登记。其中：提供支付服务的银行机构应具备银保监会或原银监会颁发的《金融许可证》，非银行支付机构应具备人民银行颁发的《支付业务许可证》，支付业务范围应包括"互联网支付"；物流企业应取得国家邮政局颁发的《快递业务经营许可证》。

2. 支付、物流企业应如实向监管部门实时传输施加电子签名的跨境电商零售进口支付、物流电子信息，并对数据真实性承担相应责任。

3. 报关企业接受跨境电商企业委托向海关申报清单，承担如实申报责任。

4. 物流企业应向海关开放物流实时跟踪信息共享接口，严格按照交易环节所制发的物流信息开展跨境电商零售进口商品的国内派送业务。对于发现国内实际派送与通关环节所申报物流信息（包括收件人和地址）不一致的，应终止相关派送业务，并及时向海关报告。

（四）消费者

1. 为跨境电商零售进口商品税款的纳税义务人。跨境电商平台、物流企业或报关企业为税款代扣代缴义务人，向海关提供税款担保，并承担相应的补税义务及相关法律责任。

2. 购买前应当认真、详细阅读电商网站上的风险告知书内容，结合自身风险承担能力做出判断，同意告知书内容后方可下单购买。

3. 对于已购买的跨境电商零售进口商品，不得再次销售。

（五）政府部门

1. 海关对跨境电商零售进口商品实施质量安全风险监测，在商品销售前按照法律法规实施必要的检疫，并视情发布风险警示。建立跨境电商零售进口商品重大质量安全风险应急处理机制，市场监管部门加大跨境电商零售进口商品召回监管力度，督促跨境电商企业和跨境电商平台消除已销售商品安全隐患，依法实施召回，海关责令相关企业对不合格或存在质量安全问题的商品采取风险消减措施，对尚未销售的按货物实施监管，并依法追究相关经营主体责任。对食品类跨境电商零售进口商品优化完善监管措施，做好质量安全风险防控。

2. 原则上不允许网购保税进口商品在海关特殊监管区域外开展"网购保税+线下自提"

模式。

3. 将跨境电商零售进口相关企业纳入海关信用管理，根据信用等级不同，实施差异化的通关管理措施。对认定为诚信企业的，依法实施通关便利；对认定为失信企业的，依法实施严格监管措施。将高级认证企业信息和失信企业信息共享至全国信用信息共享平台，通过"信用中国"网站和国家企业信用信息公示系统向社会公示，并依照有关规定实施联合激励与联合惩戒。

4. 涉嫌走私或违反海关监管规定的跨境电商企业、平台、境内服务商，应配合海关调查，开放交易生产数据（ERP数据）或原始记录数据。

5. 海关对违反本通知规定参与制造或传输虚假"三单"信息、为二次销售提供便利、未尽责审核订购人身份信息真实性等，导致出现个人身份信息或年度购买额度被盗用、进行二次销售及其他违反海关监管规定情况的企业依法进行处罚。对涉嫌走私或违规的，由海关依法处理；构成犯罪的，依法追究刑事责任。对利用其他公民身份信息非法从事跨境电商零售进口业务的，海关按走私违规处理，并按违法利用公民信息的有关法律规定移交相关部门处理。对不涉嫌走私违规、首次发现的，进行约谈或暂停业务责令整改；再次发现的，一定时期内不允许其从事跨境电商零售进口业务，并交由其他行业主管部门按规定实施查处。

6. 对企业和个体工商户在国内市场销售的《跨境电子商务零售进口商品清单》范围内的、无合法进口证明或相关证明显示采购自跨境电商零售进口渠道的商品，市场监管部门依职责实施查处。

五、各试点城市人民政府（平潭综合实验区管委会）作为本地区跨境电商零售进口监管政策试点工作的责任主体，负责本地区试点工作的组织领导、实施推动、综合协调、监督管理及措施保障，确保本地区试点工作顺利推进。试点过程中的重大问题及情况请及时报商务部等有关部门。

六、本通知适用于北京、天津、上海、唐山、呼和浩特、沈阳、大连、长春、哈尔滨、南京、苏州、无锡、杭州、宁波、义乌、合肥、福州、厦门、南昌、青岛、威海、郑州、武汉、长沙、广州、深圳、珠海、东莞、南宁、海口、重庆、成都、贵阳、昆明、西安、兰州、平潭37个城市（地区）的跨境电商零售进口业务，自2019年1月1日起执行。非试点城市的直购进口业务，参照本通知相关规定执行。

为帮助企业平稳过渡，对尚不满足通知监管要求的企业，允许其在2019年3月31日前继续按过渡期内监管安排执行。本通知适用范围以外且按规定享受跨境电商零售进口税收政策的，继续按《跨境电子商务零售进口商品清单（2018版）》尾注中的监管要求执行。

商务部　发展改革委　财政部
海关总署　税务总局　市场监管总局
2018年11月28日

附录五　关于跨境电子商务零售进出口商品有关监管事宜的公告

为做好跨境电子商务零售进出口商品监管工作，促进跨境电子商务健康有序发展，根据《中华人民共和国海关法》《中华人民共和国进出境动植物检疫法》《中华人民共和国进出口商品检验法》《中华人民共和国电子商务法》等法律法规和《商务部　发展改革委　财政部　海关总署　税务总局　市场监管总局关于完善跨境电子商务零售进口监管有关工作的通知》（商财发〔2018〕486号）等国家有关跨境电子商务零售进出口相关政策规定，现就海关监管事宜公告如下：

一、适用范围

（一）跨境电子商务企业、消费者（订购人）通过跨境电子商务交易平台实现零售进出口商品交易，并根据海关要求传输相关交易电子数据的，按照本公告接受海关监管。

二、企业管理

（二）跨境电子商务平台企业、物流企业、支付企业等参与跨境电子商务零售进口业务的企业，应当依据海关报关单位注册登记管理相关规定，向所在地海关办理注册登记；境外跨境电子商务企业应委托境内代理人（以下称跨境电子商务企业境内代理人）向该代理人所在地海关办理注册登记。

跨境电子商务企业、物流企业等参与跨境电子商务零售出口业务的企业，应当向所在地海关办理信息登记；如需办理报关业务，向所在地海关办理注册登记。

物流企业应获得国家邮政管理部门颁发的《快递业务经营许可证》。直购进口模式下，物流企业应为邮政企业或者已向海关办理代理报关登记手续的进出境快件运营人。

支付企业为银行机构的，应具备银保监会或者原银监会颁发的《金融许可证》；支付企业为非银行支付机构的，应具备中国人民银行颁发的《支付业务许可证》，支付业务范围应当包括"互联网支付"。

（三）参与跨境电子商务零售进出口业务并在海关注册登记的企业，纳入海关信用管理，海关根据信用等级实施差异化的通关管理措施。

三、通关管理

（四）对跨境电子商务直购进口商品及适用"网购保税进口"（监管方式代码1210）进口政策的商品，按照个人自用进境物品监管，不执行有关商品首次进口许可批件、注册或备案要求。但对相关部门明令暂停进口的疫区商品和对出现重大质量安全风险的商品启动风险应急处置时除外。

适用"网购保税进口A"（监管方式代码1239）进口政策的商品，按《跨境电子商务零售进口商品清单（2018版）》尾注中的监管要求执行。

（五）海关对跨境电子商务零售进出口商品及其装载容器、包装物按照相关法律法规实施检疫，并根据相关规定实施必要的监管措施。

（六）跨境电子商务零售进口商品申报前，跨境电子商务平台企业或跨境电子商务企业境内代理人、支付企业、物流企业应当分别通过国际贸易"单一窗口"或跨境电子商务通关服务平台向海关传输交易、支付、物流等电子信息，并对数据真实性承担相应责任。

直购进口模式下，邮政企业、进出境快件运营人可以接受跨境电子商务平台企业或跨境电子商务企业境内代理人、支付企业的委托，在承诺承担相应法律责任的前提下，向海关传输交易、支付等电子信息。

（七）跨境电子商务零售出口商品申报前，跨境电子商务企业或其代理人、物流企业应当分别通过国际贸易"单一窗口"或跨境电子商务通关服务平台向海关传输交易、收款、物流等电子信息，并对数据真实性承担相应法律责任。

（八）跨境电子商务零售商品进口时，跨境电子商务企业境内代理人或其委托的报关企业应提交《中华人民共和国海关跨境电子商务零售进出口商品申报清单》（以下简称《申报清单》），采取"清单核放"方式办理报关手续。

跨境电子商务零售商品出口时，跨境电子商务企业或其代理人应提交《申报清单》，采取"清单核放、汇总申报"方式办理报关手续；跨境电子商务综合试验区内符合条件的跨境电子商务零售商品出口，可采取"清单核放、汇总统计"方式办理报关手续。

《申报清单》与《中华人民共和国海关进（出）口货物报关单》具有同等法律效力。

按照上述第（六）至（八）条要求传输、提交的电子信息应施加电子签名。

（九）开展跨境电子商务零售进口业务的跨境电子商务平台企业、跨境电子商务企业境内代理人应对交易真实性和消费者（订购人）身份信息真实性进行审核，并承担相应责任；身份信息未经国家主管部门或其授权的机构认证的，订购人与支付人应当为同一人。

（十）跨境电子商务零售商品出口后，跨境电子商务企业或其代理人应当于每月15日前（当月15日是法定节假日或者法定休息日的，顺延至其后的第一个工作日），将上月结关的《申报清单》依据清单表头同一收发货人、同一运输方式、同一生产销售单位、同一运抵国、同一出境关别，以及清单表体同一最终目的国、同一10位海关商品编码、同一币制的规则进行归并，汇总形成《中华人民共和国海关出口货物报关单》向海关申报。

允许以"清单核放、汇总统计"方式办理报关手续的，不再汇总形成《中华人民共和国海关出口货物报关单》。

（十一）《申报清单》的修改或者撤销，参照海关《中华人民共和国海关进（出）口货物报关单》修改或者撤销有关规定办理。

除特殊情况外，《申报清单》、《中华人民共和国海关进（出）口货物报关单》应当采取通关无纸化作业方式进行申报。

四、税收征管

（十二）对跨境电子商务零售进口商品，海关按照国家关于跨境电子商务零售进口税收政策征收关税和进口环节增值税、消费税，完税价格为实际交易价格，包括商品零售价格、运费和保险费。

（十三）跨境电子商务零售进口商品消费者（订购人）为纳税义务人。在海关注册登记的跨境电子商务平台企业、物流企业或申报企业作为税款的代收代缴义务人，代为履行纳税义务，并承担相应的补税义务及相关法律责任。

（十四）代收代缴义务人应当如实、准确向海关申报跨境电子商务零售进口商品的商品名称、规格型号、税则号列、实际交易价格及相关费用等税收征管要素。

跨境电子商务零售进口商品的申报币制为人民币。

（十五）为审核确定跨境电子商务零售进口商品的归类、完税价格等，海关可以要求代收代缴义务人按照有关规定进行补充申报。

（十六）海关对符合监管规定的跨境电子商务零售进口商品按时段汇总计征税款，代收代缴义务人应当依法向海关提交足额有效的税款担保。

海关放行后30日内未发生退货或修撤单的，代收代缴义务人在放行后第31日至第45日内向海关办理纳税手续。

五、场所管理

（十七）跨境电子商务零售进出口商品监管作业场所必须符合海关相关规定。跨境电子商务监管作业场所经营人、仓储企业应当建立符合海关监管要求的计算机管理系统，并按照海关要求交换电子数据。其中开展跨境电子商务直购进口或一般出口业务的监管作业场所应按照快递类或者邮递类海关监管作业场所规范设置。

（十八）跨境电子商务网购保税进口业务应当在海关特殊监管区域或保税物流中心（B型）内开展。除另有规定外，参照本公告规定监管。

六、检疫、查验和物流管理

（十九）对需在进境口岸实施的检疫及检疫处理工作，应在完成后方可运至跨境电子商务监管作业场所。

（二十）网购保税进口业务：一线入区时以报关单方式进行申报，海关可以采取视频监控、联网核查、实地巡查、库存核对等方式加强对网购保税进口商品的实货监管。

（二十一）海关实施查验时，跨境电子商务企业或其代理人、跨境电子商务监管作业场所经营人、仓储企业应当按照有关规定提供便利，配合海关查验。

（二十二）跨境电子商务零售进出口商品可采用"跨境电商"模式进行转关。其中，跨境电子商务综合试验区所在地海关可将转关商品品名以总运单形式录入"跨境电子商务商品一批"，并需随附转关商品详细电子清单。

（二十三）网购保税进口商品可在海关特殊监管区域或保税物流中心（B型）间流转，按有关规定办理流转手续。以"网购保税进口"（监管方式代码1210）海关监管方式进境的商品，不得转入适用"网购保税进口A"（监管方式代码1239）的城市继续开展跨境电子商务零售进口业务。网购保税进口商品可在同一区域（中心）内的企业间进行流转。

七、退货管理

（二十四）在跨境电子商务零售进口模式下，允许跨境电子商务企业境内代理人或其委托的报关企业申请退货，退回的商品应当符合二次销售要求并在海关放行之日起30日内以原状运抵原监管作业场所，相应税款不予征收，并调整个人年度交易累计金额。

在跨境电子商务零售出口模式下，退回的商品按照有关规定办理有关手续。

（二十五）对超过保质期或有效期、商品或包装损毁、不符合我国有关监管政策等不适合境内销售的跨境电子商务零售进口商品，以及海关责令退运的跨境电子商务零售进口商品，按照有关规定退运出境或销毁。

八、其他事项

（二十六）从事跨境电子商务零售进出口业务的企业应向海关实时传输真实的业务相关电子数据和电子信息，并开放物流实时跟踪等信息共享接口，加强对海关风险防控方面的信息和数据支持，配合海关进行有效管理。

跨境电子商务企业及其代理人、跨境电子商务平台企业应建立商品质量安全等风险防控机制，加强对商品质量安全以及虚假交易、二次销售等非正常交易行为的监控，并采取相应处置措施。

跨境电子商务企业不得进出口涉及危害口岸公共卫生安全、生物安全、进出口食品和商品安全、侵犯知识产权的商品以及其他禁限商品，同时应当建立健全商品溯源机制并承担质量安全主体责任。鼓励跨境电子商务平台企业建立并完善进出口商品安全自律监管体系。

消费者（订购人）对于已购买的跨境电子商务零售进口商品不得再次销售。

（二十七）海关对跨境电子商务零售进口商品实施质量安全风险监测，责令相关企业对不合格或存在质量安全问题的商品采取风险消减措施，对尚未销售的按货物实施监管，并依法追究相关经营主体责任；对监测发现的质量安全高风险商品发布风险警示并采取相应管控措施。海关对跨境电子商务零售进口商品在商品销售前按照法律法规实施必要的检疫，并视情发布风险警示。

（二十八）跨境电子商务平台企业、跨境电子商务企业或其代理人、物流企业、跨境电子商务监管作业场所经营人、仓储企业发现涉嫌违规或走私行为的，应当及时主动告知海关。

（二十九）涉嫌走私或违反海关监管规定的参与跨境电子商务业务的企业，应配合海关调查，开放交易生产数据或原始记录数据。

海关对违反本公告，参与制造或传输虚假交易、支付、物流"三单"信息、为二次销售提供便利、未尽责审核消费者（订购人）身份信息真实性等，导致出现个人身份信息或年度购买额度被盗用、进行二次销售及其他违反海关监管规定情况的企业依法进行处罚。对涉嫌走私或违规，由海关依法处理；构成犯罪的，依法追究刑事责任。对利用其他公民身份信息非法从事跨境电子商务零售进口业务的，海关按走私违规处理，并按违法利用公民信息的有关法律规定移交相关部门处理。对不涉嫌走私违规、首次发现的，进行约谈或暂停业务责令整改；再次发现的，一定时期内不允许其从事跨境电子商务零售进口业务，并交由其他行业主管部门按规定实施查处。

（三十）在海关注册登记的跨境电子商务企业及其境内代理人、跨境电子商务平台企业、支付企业、物流企业等应当接受海关稽核查。

（三十一）本公告有关用语的含义：

"跨境电子商务企业"是指自境外向境内消费者销售跨境电子商务零售进口商品的境外注册企业（不包括在海关特殊监管区域或保税物流中心内注册的企业），或者境内向境外消费者销售跨境电子商务零售出口商品的企业，为商品的货权所有人。

"跨境电子商务企业境内代理人"是指开展跨境电子商务零售进口业务的境外注册企业所委托的境内代理企业，由其在海关办理注册登记，承担如实申报责任，依法接受相关部门监管，并承担民事责任。

"跨境电子商务平台企业"是指在境内办理工商登记，为交易双方（消费者和跨境电子商务企业）提供网页空间、虚拟经营场所、交易规则、信息发布等服务，设立供交易双方独立开展交易活动的信息网络系统的经营者。

"支付企业"是指在境内办理工商登记，接受跨境电子商务平台企业或跨境电子商务企业境内代理人委托为其提供跨境电子商务零售进口支付服务的银行、非银行支付机构以及银联等。

"物流企业"是指在境内办理工商登记，接受跨境电子商务平台企业、跨境电子商务企业或其代理人委托为其提供跨境电子商务零售进出口物流服务的企业。

"消费者（订购人）"是指跨境电子商务零售进口商品的境内购买人。

"国际贸易'单一窗口'"是指由国务院口岸工作部际联席会议统筹推进，依托电子口岸公共平台建设的一站式贸易服务平台。申报人（包括参与跨境电子商务的企业）通过"单一窗口"向海关等口岸管理相关部门一次性申报，口岸管理相关部门通过电子口岸平台共享信息数据、实施职能管理，将执法结果通过"单一窗口"反馈申报人。

"跨境电子商务通关服务平台"是指由电子口岸搭建，实现企业、海关以及相关管理部门之间数据交换与信息共享的平台。

适用"网购保税进口"（监管方式代码1210）进口政策的城市：天津、上海、重庆、大连、杭州、宁波、青岛、广州、深圳、成都、苏州、合肥、福州、郑州、平潭、北京、呼和浩特、沈阳、长春、哈尔滨、南京、南昌、武汉、长沙、南宁、海口、贵阳、昆明、西安、兰州、厦门、唐山、无锡、威海、珠海、东莞、义乌37个城市（地区）。

（三十二）本公告自2019年1月1日起施行，施行时间以海关接受《申报清单》申报时间为准，未尽事宜按海关有关规定办理。海关总署公告2016年第26号同时废止。

境内跨境电子商务企业已签订销售合同的，其跨境电子商务零售进口业务的开展可延长至2019年3月31日。

特此公告。

海关总署
2018年12月10日

附录六 2018版跨境电子商务零售进口商品清单（服装配饰类）

税则号列	货品名称	备注
42010000	各种材料制成的鞍具及挽具，适合各种动物用	列入《进出口野生动植物种商品目录》的商品除外
42021110	以皮革、再生皮革作面的衣箱	列入《进出口野生动植物种商品目录》的商品除外
42021190	以皮革、再生皮革作面的箱包	列入《进出口野生动植物种商品目录》的商品除外
42021210	以塑料或纺织材料作面的衣箱	
42021290	塑料或纺织材料作面的其他箱包	
42021900	其他材料制箱包	
42022100	以皮革、再生皮革作面的手提包	列入《进出口野生动植物种商品目录》的商品除外
42022200	以塑料片或纺织材料作面的手提包	
42022900	以钢纸或纸板作面的手提包	
42023100	以皮革、再生皮革作面的钱包等物品	列入《进出口野生动植物种商品目录》的商品除外
42023200	以塑料或纺织品作面的钱包等物品	
42023900	以钢纸或纸板作面的钱包等物品	
42029100	皮革、再生皮革作面的其他容器	列入《进出口野生动植物种商品目录》的商品除外
42029200	以塑料或纺织材料作面的其他容器	
42029900	以钢纸或纸板作面的其他容器	
42031000	皮革或再生皮革制的衣服	列入《进出口野生动植物种商品目录》的商品除外
42032100	皮革或再生皮革制专供运动用手套	列入《进出口野生动植物种商品目录》的商品除外
42032990	皮革或再生皮革制的其他手套	列入《进出口野生动植物种商品目录》的商品除外
42033010	皮革或再生皮革制腰带	列入《进出口野生动植物种商品目录》的商品除外
42034000	皮革或再生皮革制的其他衣着附件	列入《进出口野生动植物种商品目录》的商品除外
42050090	皮革或再生皮革的其他制品	列入《进出口野生动植物种商品目录》的商品除外
43031010	毛皮衣服	列入《进出口野生动植物种商品目录》的商品除外
43039000	毛皮制其他物品	列入《进出口野生动植物种商品目录》的商品除外
43040020	人造毛皮制品	
61012000	棉制针织或钩编男式大衣、防风衣	
61013000	化纤制针织或钩编男式大衣等	
61019090	其他纺织材料制针织或钩编男式大衣、防风衣	
61021000	毛制针织或钩编女式大衣、防风衣	
61022000	棉制针织或钩编女式大衣、防风衣	
61023000	化纤制针织或钩编女式大衣等	
61029000	其他纺织材料制针织或钩编女式大衣、防风衣	
61031020	合纤制针织或钩编男西服套装	
61031090	其他纺织材料制针织或钩编男式西服套装	

续表

税则号列	货品名称	备注
61032200	棉制针织或钩编男式便服套装	
61032300	合纤制针织或钩编男便服套装	
61032990	其他纺织材料制针织或钩编男式便服套装	
61033100	毛制针织或钩编男式上衣	
61033200	棉制针织或钩编男式上衣	
61033300	合纤制针织或钩编男式上衣	
61033900	其他纺织材料制针织或钩编男式上衣	
61034200	棉制针织或钩编男长裤、工装裤等	
61034300	合纤制针织或钩编男长裤等	
61034900	其他纺织材料制针织或钩编男长裤等	
61041300	合纤制针织或钩编女西服套装	
61042200	棉制针织或钩编女式便服套装	
61042300	合纤制针织或钩编女便服套装	
61042990	其他纺织材料制针织或钩编女式便服套装	
61043100	毛制针织女式上衣	
61043200	棉制针织女式上衣	
61043300	合纤制针织女上衣	
61043900	其他纺织材料制针织女上衣	
61044100	毛制针织或钩编连衣裙	
61044200	棉制针织或钩编连衣裙	
61044300	合纤制针织或钩编连衣裙	
61044400	人纤制针织或钩编连衣裙	
61044900	其他纺织材料制针织或钩编连衣裙	
61045100	毛制针织或钩编裙子及裙裤	
61045200	棉制针织裙子及裙裤	
61045300	合纤制针织或钩编裙子及裙裤	
61045900	其他纺织材料制针织或钩编裙子及裙裤	
61046100	毛制针织或钩编女长裤、工装裤等	
61046200	棉制针织或钩编女长裤、工装裤等	
61046300	合纤制针织或钩编女长裤等	
61046900	其他纺织材料制针织或钩编女长裤等	
61051000	棉制针织或钩编男衬衫	
61052000	化纤制针织或钩编男衬衫	
61059000	其他纺织材料制针织或钩编男衬衫	
61061000	棉制针织或钩编女衬衫	
61062000	化纤制针织或钩编女衬衫	
61069000	其他纺织材料制针织或钩编女衬衫	
61071100	棉制针织或钩编男内裤及三角裤	

续表

税则号列	货品名称	备注
61071200	化纤制针织或钩编男内裤及三角裤	
61072200	化纤制针织或钩编男睡衣裤	
61079100	棉制针织或钩编男浴衣、晨衣	
61082100	棉制针织或钩编女三角裤及短衬裤	
61082200	化纤制针织或钩编女三角裤及短衬裤	
61082910	丝及绢丝制针织或钩编女三角裤及短衬裤	
61083100	棉制针织或钩编女睡衣及睡衣裤	
61083200	化纤制针织或钩编女睡衣及睡衣裤	
61089100	棉制针织或钩编女浴衣、晨衣	
61089200	化纤制针织或钩编女浴衣、晨衣	
61091000	棉制针织或钩编T恤衫、汗衫等	
61099010	丝及绢丝制针织或钩编T恤衫、汗衫等	
61099090	其他纺织材料制针织或钩编T恤衫、汗衫等	
61101100	羊毛制针织或钩编套头衫等	
61101200	喀什米尔山羊细毛制针织或钩编套头衫等	
61101910	其他山羊细毛制针织或钩编套头衫等	
61101990	其他毛制针织或钩编套头衫等	
61102000	棉制针织或钩编套头衫等	
61103000	化纤制针织或钩编套头衫等	
61109010	丝及绢丝制针织或钩编套头衫等	
61109090	其他纺织材料制针织或钩编套头衫等	
61112000	棉制针织或钩编婴儿服装及附件	
61113000	合纤制针织婴儿服装及附件	
61119010	毛制针织或钩编婴儿服装及附件	
61119090	其他纺织材料制针织或钩编婴儿服装及附件	
61121100	棉制针织或钩编运动服	
61121200	合纤制针织或钩编运动服	
61121900	其他纺织材料制针织或钩编运动服	
61123100	合纤制针织或钩编男式游泳服	
61124100	合纤制针织或钩编女式游泳服	
61130000	涂层经处理针织或钩编织物制服装	
61142000	棉制针织或钩编的其他服装	
61143000	化纤制针织或钩编的其他服装	
61151000	渐紧压袜类连裤袜	
61152100	单丝<67分特合纤制连裤袜等	
61152200	单丝≥67分特合纤制连裤袜等	
61152910	棉制针织或钩编连裤袜及紧身裤袜	
61152990	其他纺织材料制针织连裤袜及紧身裤袜	

续表

税则号列	货品名称	备注
61153000	单丝<67分特制针织或钩编女统袜	
61159400	毛制针织或钩编短袜及其他袜类	
61159500	棉制针织或钩编短袜及其他袜类	
61159600	合纤制针织或钩编短袜及其他袜类	
61159900	其他纺织材料制针织或钩编短袜及其他袜类	
61161000	塑料或橡胶浸渍的针织或钩织手套	
61169100	毛制其他针织或钩编手套	
61169200	棉制其他针织或钩编手套	
61169300	合纤制其他针织或钩编手套	
61169900	其他纺织材料制针织或钩编手套	
61171011	山羊绒制披巾、头巾、围巾、披纱、面纱及类似品	
61171019	其他动物细毛制披巾、头巾、围巾、披纱、面纱及类似品	
61171020	羊毛制披巾、头巾、围巾、披纱、面纱及类似品	
61171090	其他制的披巾、头巾、围巾、披纱、面纱及类似品	
61178010	针织或钩编领带及领结	
61178090	针织或钩编其他衣着附件	
61179000	其他针织或钩编衣着零件	
62011100	毛制男式大衣、斗篷及类似品	
62011210	棉制男式羽绒服	
62011290	棉制男式大衣、斗篷及类似品	
62011310	化纤制男式羽绒服	
62011390	化纤制男式大衣、斗篷及类似品	
62011900	其他纺织材料制男式大衣、斗篷及类似品	
62019100	毛制男式带风帽防寒短上衣、防风衣	
62019290	棉制男式带风帽防寒短上衣、防风衣	
62019310	化纤制男式其他羽绒服	
62019390	化纤制男式防寒短上衣、防风衣	
62019900	其他纺织材料制男式防寒短上衣、防风衣	
62021100	毛制女式大衣、斗篷及类似品等	
62021290	棉制女式大衣、斗篷及类似品等	
62021310	化纤制女式羽绒服	
62021390	化纤制女式大衣、斗篷及类似品	
62021900	其他纺织材料制女式大衣、斗篷及类似品	
62029100	毛制女式带风帽防寒短上衣、防风衣	
62029290	棉制女式带风帽防寒短上衣、防风衣	
62029310	化纤制女式其他羽绒服	
62029390	化纤制女式防风衣等	

续表

税则号列	货品名称	备注
62029900	其他纺织材料制防风衣、防风短上衣等	
62031100	毛制男式西服套装	
62032200	棉制男式便服套装	
62032300	合纤制男式便服套装	
62033100	毛制男式上衣	
62033200	棉制男式上衣	
62033300	合纤制男式上衣	
62033910	丝及绢丝制男式上衣	
62033990	其他纺织材料制男式上衣	
62034100	毛制男式长裤、工装裤等	
62034290	棉制男式长裤、工装裤等	
62034390	合纤制男式长裤、工装裤等	
62034990	其他纺织材料制男童裤、工装裤	
62041200	棉制女式西服套装	
62041300	合纤制女式西服套装	
62042200	棉制女式便服套装	
62042300	合纤制女式便服套装	
62042990	其他纺织材料制女式便服套装	
62043100	毛制女式上衣	
62043200	棉制女式上衣	
62043300	合纤制女式上衣	
62043910	丝及绢丝制女式上衣	
62043990	其他纺织材料制女式上衣	
62044100	毛制连衣裙	
62044200	棉制连衣裙	
62044300	合纤制女式连衣裙	
62044400	人纤制女式连衣裙	
62044910	丝及绢丝制连衣裙	
62044990	其他纺织材料制连衣裙	
62045100	毛制裙子及裙裤	
62045200	棉制裙子及裙裤	
62045300	合纤制裙子及裙裤	
62045910	丝及绢丝制裙子及裙裤	
62045990	其他纺织材料制裙子及裙裤	
62046100	毛制女式长裤、工装裤等	
62046200	棉制女式长裤、工装裤等	
62046300	合纤制女式长裤、工装裤等	
62046900	其他纺织材料制女式长裤、工装裤等	

续表

税则号列	货品名称	备注
62052000	棉制男衬衫	
62053000	化纤制男衬衫	
62059010	丝及绢丝制男衬衫	
62059020	毛制男衬衫	
62059090	其他纺织材料制男衬衫	
62061000	丝及绢丝制女式衬衫	
62062000	毛制女衬衫	
62063000	棉制女衬衫	
62064000	化纤制女衬衫	
62069000	其他纺织材料制女衬衫	
62071100	棉制男式内裤及三角裤	
62071920	化纤制男式内裤及三角裤	
62071990	其他纺织材料制男式内裤及三角裤	
62072100	棉制男式长睡衣及睡衣裤	
62072910	丝及绢丝制男式长睡衣及睡衣裤	
62079100	棉制男式浴衣、晨衣及类似品	
62079910	丝及绢丝制男浴衣、晨衣及类似品	
62082100	棉制女式睡衣及睡衣裤	
62082200	化纤制女式睡衣及睡衣裤	
62089100	棉制女式背心.内衣.浴衣及类似品	
62089200	化纤制女式背心、内衣及类似品	
62089910	丝制女式背心、内衣及类似品	
62089990	其他纺织材料制女式背心、内衣及类似	
62092000	棉制婴儿服装及衣着附件	
62093000	合纤制婴儿服装及衣着附件	
62099010	毛制婴儿服装及衣着附件	
62099090	其他纺织材料制婴儿服装及衣着附件	
62101020	棉或麻制毡呢或无纺织物服装	
62101030	化纤制毡呢或无纺织物服装	
62102000	用塑料、橡胶等处理的织物制男大衣等	
62103000	用塑料、橡胶等处理的织物制女大衣等	
62105000	用塑料、橡胶等处理的织物制的其他女式服装	
62113220	棉制男式运动服	
62113290	棉制其他男式服装	
62113320	化纤制男式运动服	
62113390	化纤制其他男式服装	
62113990	其他纺织材料制男式运动服及其他服装	
62114210	棉制女式运动服	

续表

税则号列	货品名称	备注
62114290	棉制其他女式服装	
62114310	化纤制女式运动服	
62114390	化纤制其他女式服装	
62114910	丝及绢丝制女式运动服及其他服装	
62114990	其他纺织材料制女式运动服及其他服装	
62121010	化纤制胸罩	
62121090	其他纺织材料制胸罩	
62122010	化纤制束腰带及腹带	
62122090	其他纺织材料制束腰带及腹带	
62123010	化纤制紧身胸衣	
62123090	其他纺织材料制紧身胸衣	
62129010	化纤制吊裤带、吊袜带等	
62132090	其他棉制手帕	
62141000	丝制披巾、头巾、围巾及类似品	
62142010	羊毛制披巾、领巾、围巾、披纱、面纱及类似品	
62142020	山羊绒制披巾、领巾、围巾、披纱、面纱及类似品	
62142090	其他动物细毛制披巾、领巾、围巾、披纱、面纱及类似品	
62143000	合纤制披巾、头巾及类似品	
62144000	人纤制披巾、头巾及类似品	
62149000	其他纺织材料制披巾、头巾及类似品	
62151000	丝及绢丝制领带及领结	
62159000	其他纺织材料制领带及领结	
62160000	非针织非钩编手套	
62171010	非针织非钩编袜子及袜套	
62171090	非针织非钩编服装或衣着附件	
62179000	非针织非钩编服装或衣着零件	
64019210	橡胶制鞋面的橡胶、塑料底及面的中、短统防水靴	
64019290	塑料制鞋面的橡胶、塑料底及面的中、短统防水靴	
64019900	其他橡胶、塑料制外底及鞋面防水靴	
64021200	橡胶、塑料底及面的滑雪靴	
64021900	橡胶、塑料制底及面的其他运动靴	列入《进出口野生动植物种商品目录》的商品除外
64022000	橡胶、塑料的将鞋面条带栓塞在鞋底上的鞋	
64029100	其他橡胶、塑料短统靴（过踝）	
64029910	橡胶制鞋面的其他橡胶、塑料鞋靴	
64029921	以机织物或其他纺织材料作衬底的	
64029929	塑料制鞋面的其他橡胶、塑料鞋靴	
64031200	皮革制鞋面的滑雪靴	列入《进出口野生动植物种商品目录》的商品除外
64031900	皮革制鞋面的其他运动鞋靴	列入《进出口野生动植物种商品目录》的商品除外

续表

税则号列	货品名称	备注
64032000	皮革条带为鞋面的皮底鞋	列入《进出口野生动植物种商品目录》的商品除外
64035111	低于小腿的内底长度<24cm的皮革制外底皮革面的短统靴（过踝）	列入《进出口野生动植物种商品目录》的商品除外
64035119	低于小腿的内底长度≥24cm的皮革制外底皮革面的短统靴（过踝）	列入《进出口野生动植物种商品目录》的商品除外
64035191	其他内底长度<24cm的皮革制外底的皮革面短统靴（过踝）	列入《进出口野生动植物种商品目录》的商品除外
64035900	皮革制外底的皮革面其他鞋靴	列入《进出口野生动植物种商品目录》的商品除外
64039111	其他低于小腿的内底长度<24cm的皮革面的短统靴（过踝）	列入《进出口野生动植物种商品目录》的商品除外
64039119	其他低于小腿的内底长度≥24cm的皮革面的短统靴（过踝）	列入《进出口野生动植物种商品目录》的商品除外
64039191	其他内底长度<24cm的皮革面短统靴（过踝）	列入《进出口野生动植物种商品目录》的商品除外
64039199	其他内底长度≥24cm的皮革面短统靴（过踝）	列入《进出口野生动植物种商品目录》的商品除外
64039900	皮革制面的其他鞋靴	列入《进出口野生动植物种商品目录》的商品除外
64041100	纺织材料制鞋面的运动鞋靴	
64041910	橡胶或塑料制外底的拖鞋	
64041990	纺织材料制鞋面胶底的其他鞋靴	
64042010	皮革或再生皮革制外底的拖鞋	
64042090	纺织材料制鞋面皮革底的其他鞋靴	
64051010	橡胶、塑料、皮革及再生皮革制外底的皮革或再生皮革制面的其他鞋靴	
64051090	其他材料制外底的皮革或再生皮革制面的其他鞋靴	列入《进出口野生动植物种商品目录》的商品除外
64052000	纺织材料制面的其他鞋靴	
64059010	橡胶、塑料、皮革及再生皮革制外底的其他材料制面的鞋靴	
64059090	其他材料制外底的其他材料制面的鞋靴	
64061000	鞋面及其零件，硬衬除外	列入《进出口野生动植物种商品目录》的商品除外
64069092	护腿、裹腿和类似品及其零件	
65050020	钩编的帽类	
65050091	成品毡呢帽类	
65050099	针织或成匹织物制成的帽类	
65061000	安全帽	
65069100	橡胶或塑料制帽类	
65069920	毛皮制帽类	列入《进出口野生动植物种商品目录》的商品除外
65069990	其他材料制的未列名帽类	
66011000	庭园用伞及类似品	
66019100	折叠伞	
66019900	其他伞	
67041900	合成纺织材料制其他假发、须等	
67049000	其他材料制假发、须眉及类似品	

续表

税则号列	货品名称	备注
71131110	镶嵌钻石的银首饰及其零件	
71131190	其他银首饰及其零件	列入《进出口野生动植物种商品目录》的商品除外
71131911	镶嵌钻石的黄金制首饰及其零件	
71131919	其他黄金制首饰及其零件	
71131921	镶嵌钻石的铂制首饰及其零件	
71131929	其他铂制首饰及其零件	
71131991	镶嵌钻石的其他贵金属制首饰及其零件	
71131999	其他贵金属制首饰及其零件	列入《进出口野生动植物种商品目录》的商品除外
71132090	其他以贱金属为底的包贵金属制首饰	列入《进出口野生动植物种商品目录》的商品除外
71161000	天然或养殖珍珠制品	
71162000	宝石或半宝石制品	
71171100	贱金属制袖扣、饰扣	
71171900	其他贱金属制仿首饰	
71179000	未列名材料制仿首饰	
73194090	其他别针	
73199000	未列名钢铁制针及类似品	
90031100	塑料制眼镜架	
90031910	金属材料制眼镜架	
90031920	天然材料制眼镜架	列入《进出口野生动植物种商品目录》的商品除外
90031990	其他眼镜架	
90039000	眼镜架零件	
90041000	太阳镜	
90049090	其他眼镜	
91011100	机械指示式的贵金属电子手表	
91011990	其他贵金属电子手表	
91012100	自动上弦的贵金属机械手表	列入《进出口野生动植物种商品目录》的商品除外
91021100	机械指示式的其他电子手表	
91021200	光电显示式的其他电子手表	
91021900	其他电子手表	
91022100	其他自动上弦的机械手表	列入《进出口野生动植物种商品目录》的商品除外
91022900	其他非自动上弦的机械手表	列入《进出口野生动植物种商品目录》的商品除外
91029100	电力驱动的电子怀表及其他电子表	
91029900	其他机械怀表、秒表及其他表	

注1　跨境电子商务零售进口商品清单中商品按《关于完善跨境电子商务零售进口监管有关工作的通知》中规定的监管要求执行，属于《通知》适用范围以外的，按以下要求执行：（1）跨境电子商务零售进口商品清单中商品免于向海关提交许可证件；直购商品按照个人物品监管要求执行，网购保税商品"一线"进区时按货物监管要求执行，"二线"出区时参照个人物品监管要求执行。（2）依法需要执行首次进口许可批件、注册或备案要求的化妆品、婴幼儿配方奶粉、药品、医疗器械、特殊食品（包括保健食品、特殊医学用途配方食品等）等，按照国家相关法律法规的规定执行。

注2　表中货品名称为简称，具体范围以税则号列为准。

附录七　支付机构外汇业务管理办法

第一章　总则

第一条　为便利跨境电子商务结算，促进支付机构外汇业务健康发展，防范跨境资金流动风险，根据《中华人民共和国电子商务法》《中华人民共和国外汇管理条例》《非金融机构支付服务管理办法》等有关法律法规，制定本办法。

第二条　支付机构开展外汇业务适用本办法。

本办法所称支付机构外汇业务，是指支付机构通过合作银行为市场交易主体跨境交易提供的小额、快捷、便民的经常项下电子支付服务，包括代理结售汇及相关资金收付服务。

本办法所称市场交易主体，是指电子商务经营者、购买商品或服务的消费者（以下简称消费者）。

第三条　支付机构依据本办法办理贸易外汇收支企业名录登记（以下简称名录登记）后方可开展外汇业务。支付机构应遵循"了解客户""了解业务"及"尽职审查"原则，在登记的业务范围内开展经营活动。

第四条　支付机构应尽职核验市场交易主体身份的真实性、合法性。为市场交易主体办理的外汇业务应当具有真实、合法的交易基础，且符合国家有关法律法规，不得以任何形式为非法交易提供服务。支付机构应对交易的真实性、合法性及其与外汇业务的一致性进行审查。

第五条　银行应审慎选择合作支付机构，客观评估拟合作支付机构的外汇业务能力等，并对合作支付机构办理的外汇业务的真实性、合规性进行合理审核。未进行合理审核导致违规的，合作银行依法承担连带责任。合作银行可根据支付机构风险控制能力等情况在经登记的单笔交易限额内确定实际的单笔交易限额。合作银行要求支付机构提供必要相关信息的，支付机构应积极配合。

第六条　市场交易主体、支付机构及合作银行应遵守国家有关法律法规，不得以虚构交易、分拆等方式逃避监管。

第七条　国家外汇管理局及其分支机构（以下简称外汇局）依法对支付机构开展外汇业务进行监督管理。支付机构、合作银行及市场交易主体应予以配合。

第八条　支付机构及合作银行应依法履行反洗钱、反恐怖融资义务，依法维护市场交易主体合法权益，对市场交易主体身份和交易信息等依法严格保密。

第二章 登记管理

第九条 国家外汇管理局分局、外汇管理部（以下简称分局）负责支付机构名录登记管理。

第十条 支付机构申请办理名录登记，应具备下列条件：

（一）具有相关支付业务合法资质；

（二）具有开展外汇业务的内部管理制度和相应技术条件；

（三）申请外汇业务的必要性和可行性；

（四）具有交易真实性、合法性审核能力和风险控制能力；

（五）至少5名熟悉外汇业务的人员（其中1名为外汇业务负责人）；

（六）与符合第十一条要求的银行合作。

第十一条 支付机构应与具备下列条件的银行签约，并通过合作银行办理相关外汇业务：

（一）具有经营结售汇业务资格；

（二）具有审核支付机构外汇业务真实性、合规性的能力；

（三）至少5名熟悉支付机构外汇业务的人员；

（四）已接入个人外汇业务系统并开通相关联机接口。

支付机构应根据外汇业务规模等因素，原则上选择不超过2家银行开展合作。

第十二条 支付机构申请办理名录登记，应按照本办法向注册地分局提交下列申请材料：

（一）书面申请，包括但不限于公司基本情况（如治理结构、机构设置等）、合作银行情况、申请外汇业务范围及可行性研究报告、与主要客户的合作意向协议、业务流程、信息采集及真实性审核方案、抽查机制、风控制度模型及系统情况等；

（二）行业主管部门颁发的开展支付业务资质证明文件复印件、营业执照（副本）复印件、法定代表人有效身份证件复印件等；

（三）与银行的合作协议（包括但不限于双方责任与义务，汇率报价规则，服务费收取方式，利息计算方式与归属，纠纷处理流程，合作银行对支付机构外汇业务合规审核能力、风险管理能力以及相关技术条件的评估认可情况等）；

（四）外汇业务人员履历及其外汇业务能力核实情况；

（五）承诺函，包括但不限于承诺申请材料真实可信、按时履行报告义务、积极配合外汇局监督管理等。

如有其他有助于说明合规、风控能力的材料，也可提供。

第十三条 注册地分局应在支付机构提交合格完整申请材料之日起20个工作日内，为获准登记的支付机构出具正式书面文件，为其办理名录登记，并按规定公开许可结果，同时报备国家外汇管理局。

第十四条 支付机构名录登记的有效期为5年。期满后，支付机构拟继续开展外汇业务的，应在距到期日至少3个月前向注册地分局提出延续登记的申请。继续开展外汇业务应符合本办法第十条所列条件，并按照本办法第十二条提交材料。

违反《中华人民共和国行政许可法》相关规定，或行业主管部门终止支付机构支付业务，支付机构名录登记相应失效。

第十五条　支付机构变更下列事项之一的，应事前向注册地分局提出登记变更申请，并提供相关说明材料：

（一）业务范围或业务子项；

（二）合作银行；

（三）业务流程；

（四）风控方案；

（五）单笔交易金额限额（特定交易限额变更理由及相应风险控制措施）；

（六）交易信息采集及验证方案；

（七）公司外汇业务负责人。

注册地分局同意变更的，为支付机构办理登记变更，其有效期与原登记有效期一致。

支付机构变更公司名称、实际控制人或法定代表人等公司基本信息，应于变更后30日内向注册地分局报备。注册地分局需评估公司变更情况对持续经营外汇业务能力的影响。

第十六条　支付机构主动终止外汇业务，应在公司作出终止决定之日起5个工作日内向注册地分局提出注销登记申请及终止外汇业务方案。业务处置完毕后，外汇局注销其登记。

第十七条　支付机构办理名录登记，因隐瞒有关情况或提供虚假材料等未获批准的，自收到不予批准决定之日起1年内不得再次提出申请。

第三章　市场交易主体管理

第十八条　支付机构应尽职审核市场交易主体的真实性、合法性，并定期核验更新，相关材料（含电子影像等）留存5年备查。审核的市场主体信息原则上包括但不限于名称、国别、有效证件号码、联系方式等可校验身份的信息。

第十九条　支付机构应区分电子商务经营者和消费者，对市场交易主体进行管理，并建立健全市场交易主体管理制度。市场交易主体为境外主体的，支付机构应对其身份进行分类标识，相关外汇业务按现行有关规定办理。

第二十条　支付机构应建立市场交易主体负面清单管理制度，将拒绝服务的市场交易主体列入负面清单，并每月将负面清单及拒绝服务原因报合作银行，相关材料留存5年备查。

合作银行应建立支付机构服务的市场交易主体随机抽查机制，抽查情况留存备查。

第四章　交易审核

第二十一条　支付机构应制定交易信息采集制度，按照真实、可跟踪稽核、不可篡改原则采集交易信息，确保交易信息来源客观、可信、合法。交易信息原则上应包括商品或服务名称及种类、数量、交易币种、金额、交易双方及国别、订单时间等必要信息。

支付机构应建立交易信息验证及抽查机制，通过适当方式对采集的交易信息进行持续随机验证，可通过物流等信息进行辅助验证，相关资料留存5年备查。

第二十二条　支付机构为市场交易主体提供外汇服务时，应确保资金收付与交易在主体、项目、金额等方面一致，另有规定的除外。

第二十三条　对于违规风险较高的交易，支付机构应要求市场交易主体提供相关单证材料。不能确认交易真实合规的，应拒绝办理。相关材料留存5年备查。

第二十四条　支付机构外汇业务的单笔交易金额原则上不得超过等值5万美元。对于有真实、合法超限额需求的，支付机构应按照本办法第十五条向注册地分局提出登记变更申请。

第二十五条　支付机构应通过合作银行为市场交易主体办理结售汇及相关资金收付服务，并按照本办法要求实现交易信息的逐笔还原，除退款外不得办理轧差结算。支付机构应在收到资金之日（T）后的第1个工作日（T+1）内完成结售汇业务办理。

第二十六条　消费者可用人民币或自有外汇进行支付。消费者向支付机构划转外汇时，应向外汇划出银行提供包含有交易金额、支付机构名称等信息的交易真实性材料。外汇划出银行核对支付机构账户名称和金额后办理，并在交易附言中注明"支付机构外汇支付划转"。

第二十七条　支付机构应事前与市场交易主体就汇率标价、手续费、清算时间、汇兑损益等达成协议。支付机构应向市场交易主体明示合作银行提供的汇率标价，不得擅自调整汇率标价，不得利用汇率价差非法牟利。

第二十八条　支付机构应建立健全外汇业务风控制度和技术系统，设立外汇业务合规管理岗，并对制度和技术系统进行持续评估完善。

第二十九条　合作银行应对支付机构外汇业务真实性、合规性进行合理审核，建立业务抽查机制，随机抽查部分业务，并留存相关材料5年备查。

合作银行可要求支付机构及交易相关方就可疑交易提供真实合法的单证材料。不能确认交易真实、合法，合作银行应拒绝办理。支付机构不配合合作银行审核或抽查，合作银行应拒绝为其办理外汇业务。

第五章　账户管理

第三十条　支付机构应按照外汇账户管理有关规定，在每家合作银行开立一个外汇备付金账户（一家合作银行的多个币种外汇备付金账户视作一个外汇备付金账户），账户名称结尾标注"PIA"（Payment Institute Account）。外汇备付金账户用于收付市场交易主体暂收待付的外汇资金。

第三十一条　支付机构为市场交易主体办理的外汇业务均应通过外汇备付金账户进行。同名外汇备付金账户之间可划转外汇资金。

第三十二条　支付机构应将外汇备付金账户资金与自有外汇资金严格区分，不得混用。外汇备付金账户不得提取或存入现钞。

支付机构自有外汇资金账户的开立、使用应遵循现行外汇管理规定。

第三十三条　支付机构和合作银行应建立外汇备付金信息核对机制，逐日核对外汇备付金的存放、使用、划转等信息，并保存核对记录。

第三十四条　支付机构外汇备付金账户纳入外汇账户管理信息系统管理，合作银行应及时按照规定将数据报送外汇局。

第三十五条　支付机构不得在境外开立外汇备付金账户，或将市场交易主体资金存放境外，另有规定的除外。

第六章　信息采集与报送

第三十六条　支付机构应根据本办法要求报送相关业务数据和信息，并保证数据的及时性、准确性、完整性和一致性。

第三十七条　支付机构应按照《通过银行进行国际收支统计申报业务实施细则》（汇发〔2015〕27号印发）、《通过银行进行国际收支统计申报业务指引（2016年版）》（汇发〔2016〕4号印发）等国际收支申报相关规定，在跨境交易环节（即实际涉外收付款项时）对两类数据进行间接申报：一类是集中收付或轧差净额结算时支付机构的实际涉外收付款数据；另一类是逐笔还原集中收付或轧差净额结算前境内实际收付款机构或个人的原始收付款数据。

第三十八条　支付机构应按现行结售汇管理规定，在规定时间提供通过合作银行办理的逐笔购汇或结汇信息，合作银行应按照现行规定报送结售汇统计报表。个人项下结售汇业务，合作银行应根据支付机构的数据，在办理结售汇之日（T）后的第1个工作日（T+1）内对于单笔金额等值500美元（含）以下的区分币种和交易性质汇总后以支付机构名义逐笔录入个人外汇业务系统，对于单笔金额等值500美元以上的逐笔录入个人外汇业务系统。支付机构外汇业务项下的个人结售汇不计入个人年度结售汇便利化额度。

第三十九条　支付机构应妥善保存办理外汇业务产生的各类信息。客户登记有效期内应持续保存，客户销户后，相关材料和数据至少保存5年。

第四十条　支付机构应通过支付机构跨境支付业务报表系统于每月10日前向注册地分局报送客户外汇收支业务金额、笔数、外汇备付金余额等数据，并对每月累计外汇收支总额超过等值20万美元的及单笔交易金额超过等值5万美元的客户交易情况报送大额收支交易报告，如发现异常或高风险交易，应在采取相应措施后及时向合作银行及注册地分局报告。

第七章　监督与管理

第四十一条　支付机构开展外汇业务依法接受注册地与经营地分局的监管。注册地与经营地分局之间应加强监管协调。

第四十二条　外汇局依法要求支付机构和合作银行报送有关业务资料、对相关事项作出说明，支付机构和合作银行应积极配合，并及时提供相关材料。

第四十三条　支付机构有下列情形之一的，外汇局对其实施风险提示、责令整改、调整大额收支交易报告要求等措施：

（一）外汇业务管理制度和政策落实存在问题；

（二）交易真实性、合法性审核能力不足；

（三）外汇备付金管理存在风险隐患；

（四）不配合合作银行审核、核查；

（五）频繁变更外汇业务高级管理人员；

（六）其他可能危及支付机构稳健运行、损害客户合法权益或危害外汇市场的情形。

第四十四条　银行有下列情形之一的，外汇局责令整改：

（一）审核支付机构外汇业务真实合规性能力不足；

（二）外汇备付金账户管理存在风险隐患；

（三）发现异常情况未督促支付机构改正；

（四）支付机构外汇业务出现重大违规或纵容支付机构开展违规交易；

（五）其他可能损害客户合法权益或危害外汇市场的情形。

第四十五条　支付机构以欺骗等不正当手段获取名录登记，外汇局依法撤销其登记，该支付机构自被撤销名录登记之日起3年内不得再次提出登记申请。

第八章　罚则

第四十六条　支付机构、银行有下列情形之一的，外汇局依法责令整改、暂停相关业务进行整顿，并依照《中华人民共和国外汇管理条例》进行处罚：

（一）支付机构未按规定审核外汇业务真实性、合规性；

（二）银行未按规定审核支付机构外汇业务真实性、合规性；

（三）银行未按规定办理结汇、售汇业务；

（四）未按规定报送相关数据；

（五）违反相关外汇账户管理规定；

（六）不配合外汇局监督管理、检查核查；

（七）其他违规行为。

支付机构存在未经名录登记或超过登记范围开展外汇业务等违规行为，外汇局将依法实施调整、注销名录登记等措施。

第四十七条　外汇局依法将违规情况向社会通报。涉嫌犯罪的，依法移送公安机关，追究刑事责任。

第九章　附则

第四十八条　本办法所称外汇备付金，是指支付机构为办理市场交易主体委托的外汇支付业务而实际收到的暂收待付外汇资金。

第四十九条　支付机构自身外汇业务按照一般企业外汇管理有关规定办理。

第五十条　外汇局可根据形势变化及业务发展等情况对本办法中的相关金额标准进行调整。

第五十一条　本办法由国家外汇管理局负责解释。